DV・性暴力被害者を
支えるための
はじめての
SNS相談

一般社団法人 社会的包摂サポートセンター ［編］

NPO法人 全国女性シェルターネット ［監修］

明石書店

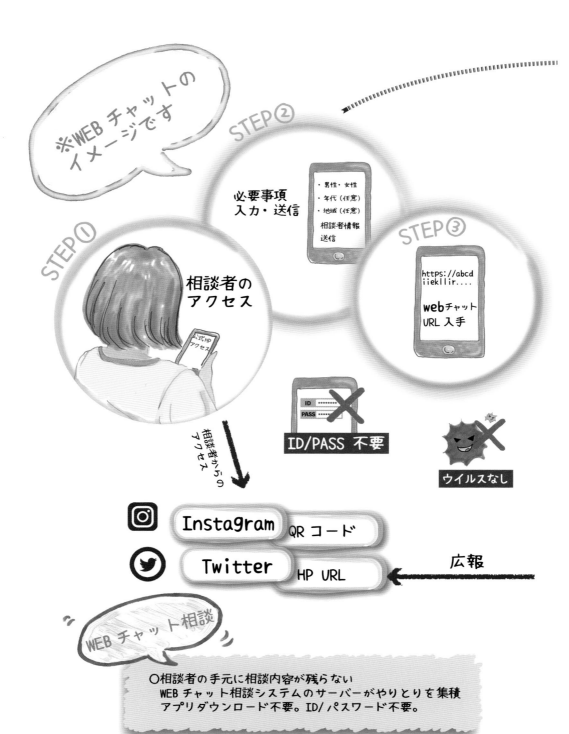

相談内容等は
専用サーバーへ

SNS 相談専用サーバー

STEP ④

個別チャット
ルームで相談

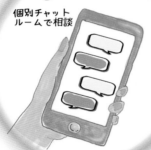

返信 ⇕ 相談

←SNSシステムの
チャットルームで相談

相談内容

相談員

SNSアプリケーション相談

○リアルタイムの通知を受けられる
× スマートフォンの履歴に相談内容が残る。

※アプリの利用規約を確認してからの利用がおすすめ。

はじめに

　SNS 相談の利用者は女性が多いことをご存知ですか？

　私たちが SNS を使った相談事業について知ったのは、神奈川県
座間市で 2017 年、SNS への書き込みが悪用され、若い男女 9 人
が殺害された事件が契機でした。「つらい」「さみしい」「死にたい」
などと悩む若者たち向けの自殺対策を目的とした、厚生労働省の補
助事業でした。

　そして、相談者のほとんどが若い女性、しかもその多くが性暴力
の被害者だったということに驚愕しました。

　女性相談はこれまでも電話や面談などを通じ、さまざまなところ
で実施されてきました。当然、性被害が広く存在していることも
わかっていました。しかし、SNS 相談の相談内容を知って初めて、
電話や面談だけでは被害に遭った女性たちの声をきちんとすくいと
ることも、有効なサポートを提供することもできていない、と気づ
かされたのです。当事者が SNS のなかにいる。女性支援にとりく
む者にとって、SNS 相談対応は必須なのだと突きつけられました。

　インターネットを通じて女性たちの悩みに答える、そうしたしく
みを本格的に構築しようとしていた 2020 年、新型コロナウイルス
が世界中に蔓延、パンデミックに襲われました。感染拡大防止のた

め「ステイ・ホーム」が呼びかけられ、相談事業もオンラインでの実施が求められるようになりました。同時に国連機関からは、コロナ禍において女性に対する暴力が急増していることに関し、各国に重点的な対応を要請する声明が相次いで発出されました。

現時点での日本の感染状況をふまえると、ドメスティック・バイオレンス（DV）や性暴力被害者支援のための SNS 相談へのニーズはますます高まったといえると思います。

この本は、こうした相談のニーズに応え、SNS 相談員の養成に少しでも寄与しようと企画されました。SNS 相談事業が始まったころは、SNS 相談に特化した人材育成のプログラムやテキストは見当たらず、システムの構築も試行錯誤しながら進められてきました。この 3 年あまりで蓄積された SNS 相談にかかわるノウハウやデータ、さらに長年、DV や性暴力の被害者支援を続けてきた民間シェルターの深いスキルも盛り込んで、初めての人にもわかるように必要なエッセンスを集めたのが本書です。

DV・性暴力被害者の支援は、悩みの傾聴、心の整理にとどまるものではありません。緊急対応や解決に向けてどのような対応、応答をしたらよいか、具体的にわかるよう、チャットでの回答例もふんだんに収めました。

本書がこれから SNS 相談事業を始められる方のお役に立つとともに、SNS 相談の充実によって、一人でも多くの被害者のエンパワーにつながれば幸いです。

なお本書は、すでに DV・性暴力被害にある程度、知識・理解のある方々が、新たに SNS を使って相談を始めるにあたり必要な知識、情報が得られるよう構成しています。このため紙幅の都合で、DV・性暴力被害についての基本的な法制度は省略しています。DV防止にかかわる関連法令と制度の概要は、内閣府のウェブサイト https://www.gender.go.jp/policy/no_violence/e-vaw/law/index.html、性 暴 力 に つ い て は https://www.gender.go.jp/policy/no_violence/seibouryoku/measures.html を参考にしてください。

2021 年 2 月

NPO 法人全国女性シェルターネット　山崎友記子

アントニオ・グテーレス国連事務総長の声明「女性に対する暴力の防止と救済を COVID-19 に向けた国家規模の応急対応のための計画の重要項目とすること」（2020 年 4 月 5 日）https://www.un.org/en/un-coronavirus-communications-team/make-prevention-and-redress-violence-against-women-key-part

0

SNS相談を
始めるための
準備　9

1

SNS相談は
何のため?　17

2

SNS相談って
どういうもの?　23

3

SNS相談の
基本スキルと
注意点　35

4

DV・性暴力
被害者の
支援ツールと
その活用　49

5

SNS相談の
事例と回答
67

SNS相談を
始めるための準備

　ここでは、SNS 相談を始めようと考えておられるみなさんに、始める前に確認していただきたいことをまとめています。SNS はもともと、相談用に開発されたアプリケーションではありません。このため、以下のような「通常の」相談対応を可能にするには、少し工夫が必要です。

① チラシやカードで窓口を広報する
② 電話や面談で相談者からお話を聞く
③ 相談表を書いて保存する
④ ケース検討をして、支援計画をつくる

一般的な相談対応	SNS 相談での想定
チラシやカードで広報する	ウェブサイトや Twitter で広報する
電話や面談で、相談者からお話を聞く	チャットルーム（コラム参照）でメッセージをやりとりする
相談表を書いて保存する	① SNS 相談用のシステムを導入して、相談を記録する ② システムは導入せず、紙や Excel などで相談表を記録して保存
ケース検討をして、支援計画をつくる	ここは同じ

表 0 - 1
一般的な相談と SNS での相談との違い

チャットルームとは

メッセージのやりとりをするアプリの画面を思い出してください。お友だちがメッセージを書き込むところに、相談者が書き込みます。そのメッセージに、相談員が返信していくのです。この「場所」のことをチャットルームと呼びます。

SNS 相談に置き換えると表 0-1 のようなイメージになります。

一人で始めることもできる

　もしもあなたが、LINE などのアカウントをもっていたら、そのアカウントを公開して、「相談を受け付けます」と広報すれば、相談したい人から「友だち申請」がきて、そのまま相談対応をすることはできます。SNS につきものの「なりすまし」にあう危険がないとはいえないですが。

　まず、相談開設までのイメージを、読者のみなさんと共有しておきましょう。

　相談開始までのイメージは図 0-1 のようになります。この流れの

図 0-1
相談開始までの流れ

なかでとくに、相談を始める担当者が知っておく必要があるのは

・相談システムの種類：ウェブチャット対応とアプリケーション
　対応
・SNS アプリケーションの選択：LINE、Twitter など

最低この二つです。しかし、いますぐにこの問いに答えられるよう
な方は、それほど多くないのではないでしょうか。日常で LINE や
Twitter などを使ってはいても、それを相談に使うとはどんなこと
なのか、どのアプリなら安心なのか……
　まず、ハード面の整備から考えましょう。

（1）パソコンとセキュリティ

表 0 - 2
使用するパソコンのチェック
リストと注意点
パソコンのメーカーに指定
はありません。

　パソコンは、簡単にいうと、発売年月日が新しければ新しいほど、

① パソコンチェックリスト

	スペック	理由
メモリー	8G バイト以上	メモリが大きければ大きいほど、同時に作業できる量が増えるから（検索しながら、Word で文章を書き、メールや SNS にも返信をするなどの作業がスムーズにできる）
CPU（中央演算処理装置）	Intel Core i5 以降が望ましい	パソコンで行う作業がスムーズになるかどうかは CPU に左右されるから、性能が高い方が望ましい
OS	Windows10 以降 Mac 10.15 以降	セキュリティ対策が進められたから
ハードディスク	特に指定なし	

② パソコン利用上の注意点

	望ましい形
ID とパスワードの管理	・自分以外には知らせない ・盗まれないように管理する ※パソコンにパスワードを貼るなどしない ※パスワードは、英数記号を混ぜた 8 文字以上の複雑なものにする ※パスワードは定期的に変更する
OS とアプリケーション	・最新の状態にアップデートする ※自動アップデートにしておくとメッセージが来る
ソフトウェアのダウンロード	・安全性がわからないソフトなどはダウンロードおよびインストールしない ※メール添付されたものは、送り主への確認なしに開かない（なりすまし対策）
アンチウィルスソフト	必ずインストールすること（無償提供のもののなかには、マルウェアそのもののこともあるので注意が必要）

セキュリティ対策が十分で、性能がいいです。10年前に購入したパソコンで相談をする、といったことは絶対にやめてください。パソコンに備わっているソフトウェアのセキュリティが十分でない可能性があるからです。

表0-2に、相談で使うパソコンの望ましい性能を記載しました。相談開始前にチェックリストとしてお使いください。

（2）インターネット通信環境の整備

SNS相談は、インターネットを使って行う相談です。

インターネットは（本当はいろいろ複雑ですが）簡単にいうと「通信ネットワーク」です。その通信が速くて安定した環境で相談をすれば、途中で途切れたりしません。

まず、速くて安定した通信環境を以下のような手順で整えます。（※一例です）

① 通信速度の速いプロバイダーを選ぶ

情報量の基本単位はbit（ビット）、速度の単位はbps（ビットパーセコンド、bit/second（秒））です。1秒間にどのくらいの情報を送れるか、ということで速さが表示されます。

8bit=1byte（バイト）です。1000 byte=1KB（キロバイト）、1000 KB=1 MB（メガバイト）、1000 MB=1 GB（ギガバイト）です。

たとえば、左の写真が1GBの容量だとして、インターネット通信の上り速度が1Gbpsだとしたら、8 bit=1 byte（バイト）ですから、送るのに8秒かかることになります。

現在、最速といわれているのは、地域によって違いはありますが、10 Gbpsです。この写真を送ろうとしたら、1秒もかからないわけです。

10 Gbpsが確保できる光ファイバーなどを使用しているプロバイダーを選んでください。通信状況は周囲の環境などによって、たえず変化します。同じ道路でも、早朝は空いていても、昼には渋滞するのと同じようなものだと考えてください。渋滞すれば速度は遅くなります。マンションなどの場合は、建物全体で使える通信量が決まっている場合もありますので、事前に確認してください。

② 有線 LAN でつなぐ

　Wi-Fi によるインターネット接続を選択している方も多いかと思いますが、Wi-Fi は簡便な反面、セキュリティは有線に劣ります。Wi-Fi の設定次第では、セキュリティがないに等しい状況になります。そこで、相談の秘密を守るためには、有線でのインターネット接続を強くお勧めします。

（3）相談表をどうするか──個人情報の管理

　相談には相談表がありますが、既存の SNS アプリケーションで行う相談には相談表はありません。SNS はもともと気軽なコミュニケーションのためのツールで、「相談」のためのツールではありませんから。相談記録を残したい、と考える場合の選択肢は以下のとおりです。

① 紙ベースで相談表をつくって、鍵のかかるロッカーなどに保存する
② Excel などで相談表をつくって、入力して保存する。インターネットに接続していないパソコンで作業するのがいちばん安全です
③ SNS 相談のためのシステムを導入する

　③がいちばん多いようですが、予算がないと難しいですね。また、システムの選定は慎重に行う必要があります（後述）。

広報をどうする

　SNS はインターネットを使うわけですから、インターネットで広報しなくては、SNS を使っている相談者に届きません。代表的な手法は以下のとおりです。

① ウェブサイトで広報する
　相談の広報のためだけのウェブサイトをつくります（図 0-2）。

○○SNS 相談

相談はこちらから

Twitter など

相談日の時間やそのほかお知らせ
など

団体紹介

リンク集

Instagram など

図 0 - 2
相談の広報のためのウェブ
サイトの例

必要なものは、チャットルームへつながる場所の QR コードや相談
時間のお知らせなどです。SNS による広報をする場合は、そのバ
ナーも入れましょう。

② SNS で広報する

　Twitter などで、相談のための公式アカウントをとって、定期的
に相談に関係する出来事などをツィートします。

SNS について考えておいたほうが
いいこと

　改めて、SNS（ソーシャルネットワーキングサービス）について
確認しておきます。SNS は、インターネット上で「人と人をつなぐ・
コミュニティをつくる」機能をもつサービスで、それを個人のデバ
イス（スマートフォンなど）のアプリケーションをとおして利用し
ているのです。

　多様な企業などが独自にアプリケーション（アプリ）を開発して

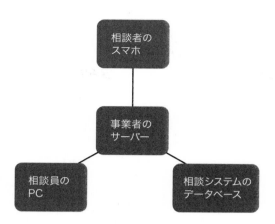

図0-3
SNS相談の相談内容の保存
場所のイメージ

います。多くの場合、個人が利用する場合には無料で利用できるようになっています。

　LINEは8400万人、Twitterは4500万人、Instagramは3300万人を超える方々が利用しているといわれています。24時間、何千万ものチャットルームのなかで、テキストのメッセージや画像がひっきりなしにやりとりされているわけです。

　相談を運営する場合、気になるのは、「相談のやりとりはどこに保存されるのか」ということではないでしょうか？

　SNSにおいては、やりとりはスマートフォンなどの履歴として個々人のデバイスに残ります。相談のためのシステムを導入した場合は、そのシステムのサーバーのなかにも蓄積されます（図0-3）。そして、サービスを提供している事業者のサーバーにも残るしくみになっているのです。メールが受信箱に残るのと同時に、サーバーに残るのと同じイメージです。

　相談は個人情報の「かたまり」です。事業者のサーバーに存在する情報の利用については、各事業者の利用規約などの定めによることになっています。

　相談開始前に、規約などを確認しておく必要があります。また、最近ではSNSアプリケーションを利用しない、インターネットのウェブブラウザーを使った相談システムも活用されています。

たとえばLINEの公式アカウント利用規約は、https://terms2.line.me/official_account_terms_jp

SNS 相談は不安ですか？

　DV 被害者支援に関わる相談員の方に「SNS 相談をやってみたい？」と聞くと、(すごく意欲的な人もいますけれども)「嫌だ」と言われることが少なくありません。「ガラケーだから SNS ってなんだかまったくわからない」という人もいますし、「パソコンができないから」と尻込みされる方もいますが、いちばん多いのが「相談（の記録）が残るのが不安」というものです。

　DV 被害を受けている当事者の多くは、スマートフォンやメールの中身を加害者に見張られていますから、「相談したことを見られたら何をされるかわからない」という心配があるのです。SNS の相談システムの開発にあたっては、この不安を払拭できるように取り組んでほしいですね。

SNS 相談は何のため？

SNS は相談に向いているのか

　SNS 相談という言葉が流行っています。

　とくに、「若年層の相談ツールは SNS だ！」という声が、どこからとも知れず湧き上がってきています。よくわからないけど、SNS で相談窓口をつくるというのが、相談業界でトレンド入りしている模様です。が、「ちょっと待ってください〜！　SNS は相談には向かないですよ〜」

　なぜかというと、SNS でやりとりをするだけでは、困りごとは解決しないからです。

　通常、「相談」というのは図 1-1 のような流れです。

図 1 - 1
通常の相談の流れ

解雇された → ハローワークに相談に行く → 再就職

子どもが引きこもりに → 医療機関に相談 → カウンセリングで原因を探る → 社会に再参画

図 1 - 2
相談とはいえない情報提供

解雇された	ハローワークを紹介する	再就職したかどうかはわからない

　困りごとを「相談して」解決するプロセスには、相談者が生活している場所（家庭、職場、学校、地域など）での物理的で直接的な関わりが必ずあります。ということは、インターネット空間だけでは、何も解決しないということです。

　具体的にいえば、SNSから電話や面接を経なければ、困りごとは解決しないということ。「SNS相談をしなきゃ！」と焦る前に、まず押さえてほしいのはここです。

　SNSだけで相談が成立する、としたら、それは以下の二つです。

① 　さしあたって困りごとがない──SNSでのやりとりをゲームのように楽しむ
② 　困りごとを解決するための相談機関を紹介することで終了すると考える

図1-2のような情報提供だけでは、相談としては不十分です。

　では、SNS相談窓口は何のためにつくるのでしょうか。

　相談窓口の垣根を低くするために設置するのです。それに尽きます。電話や対面が苦手なすべての相談者が、相談支援につながれるためにつくるのです。

　筆者が所属する法人では2013年に、内容が全面公開される掲示板形式のテキストによる相談「Moyatter」を独自開発して、テキストによる対応をスタートし、厚生労働省、内閣府などの補助事業や委託事業をさせていただいてきました。その体験から、SNS相談を実施するうえで相談を受ける側が押さえるべきポイントは三つだと思っています。

① 音声によるコミュニケーションが苦手な人や、文字でのやりとりが日常的な人のために、相談支援の入り口として整備すべきだと理解する（外国語の窓口をつくるのと同じです）

② デバイスで文字をタイプする能力は、SNS 相談の本質ではない。相談支援の力がない人が SNS 相談をやっても、「よい支援」にはならない。つまり、「タイプ力より支援力」だということを深く理解する

③ 直接支援につなげる窓口として整備する

　まず、①についてです。

　テキストを中心とした SNS は、若年層のためなのでしょうか？ それは正しいとは思えません。「コミュニケーションの手段」別に、窓口の整備をするのだと考えるべきです。

　おおざっぱにみると、「いまは」以下のようなコミュニケーションツールを各自が選択している状況でしょう。たぶん、物心ついたときに主流だったコミュニケーションツールが得意なツールになるので、それがなんとなく年代に分かれてみえるだけだと思います。

・手紙（アナログ媒体のテキスト）　70 代以上
・電話（音声）　50 代以上
・メール（デジタル媒体のテキスト）　30 代以上
・SNS（デジタルテキスト、かつ、スマートフォンのアプリケーションを利用するもの）20 〜 10 代

　しかし実は、「音声」のコミュニケーションが苦手な人はどの世代にもいるし、デジタル自体が苦手な人はどの世代にもいます。

　「紙から SNS へ」コミュニケーションの方法は変化して、たしかに「簡便に、つながりたい人とつながれる」方法が発見されたといえると思います。

　電話は相手が同時刻に応答してくれなければ成立しませんし、メールは受信箱を検索しないと、探したい個人にたどり着きません。SNS であれば、「個人」を探すのがたやすく、これまでのやりとりの履歴は一目瞭然で、同時刻に対応する必要もありません。

　でも、この先は？　SNS の先は絶対にあるはずです。ですから「若年＝ SNS」という図式で相談窓口の設計をするのは早計でしょう。それに、相談手段の「選択肢」は相談者に保障されるべきです。

SNS で 相談を受けた	→	電話で くわしく聞きとる	→	相談者が行ける 医療機関や警察 などに同行支援	→	ケースの経過を 観察し、本人の 回復をサポート

図 1 - 3
直接支援につなぐ体制

②については、あとでくわしく述べます。

そして③についてです。これがいま、いちばん大事です。

SNS から直接支援へ

　相談を始めるなら、相談者の困りごとを解決するために、SNSから直接支援につなぐ体制をもたずに、SNS を導入してはいけません。

　直接つなぐ体制というのは、図 1-3 のような流れのなかの、電話対応する支援員、同行支援してくれる支援団体などと、日常的にいっしょに支援活動をしている状態がある体制をさします。

　つなぐ先をもたずに相談を受ければ、「情報提供」で終わってしまいます。提供された情報に相談者がアクセスできるかどうかは、相談者をとりまく状況次第です。相談者をとりまく状況は、とくに性暴力被害者の場合は過酷です。そのジェンダーバイアスにまみれて、二次被害が横行する状況を、相談者とともに打破していく支援者がいなければ、被害届すら出すことがむずかしいのが、みなさんがよくご存知の日本の現状ではないでしょうか。

　だからこそ、情報提供で終わってはいけない。相談者をエンパワーできる直接支援者につなげる相談窓口にしましょう。情報提供だけでは、相談者は「相談」のなかに閉じ込められてしまいます。相談者が SNS 相談のなかで堂々めぐりになるようなやり方をしてはダメなんです。

ジェンダーバイアス
男女の役割について固定的な観念をもつこと。ここではとくに、社会の女性に対する偏見や差別を指す。

二次被害
被害を明らかにしたあとに、周囲からの言動でさらに傷つけられること。

ログインさえできれば「いつもの相談」

　仕事がら、全国の女性に対する暴力被害者支援に関わっておられるみなさんから、いろいろなご質問をいただきます。聞いていくと、その多くは「インターネットやパソコン」に関する不安でした（予

算のことはおいておいて）。

　年齢の低くない相談員のみなさんの場合、「いったいどうやったらいいのか」という気持ちになる方が多いかもしれません。

　先ほどの②の話です。つまり「タイプ力より支援力」についてです。

　みなさん、怖れることはありません。必ず SNS 相談はできるようになります。

　みなさんの悩みは、たんなる技術的な問題です。みなさんは、SNS 相談ができないのではなくて、パソコンやインターネットが使えないだけなのです！

　そんなものを解決するのは簡単です。技術のある人に頼めばいいのです。たとえ SNS だろうと、相談が始まってしまえば「ただの相談」です。いつもと同じです。パソコンができたって相談ができなければ、SNS 相談という「相談現場」では役に立たないのです。

　若年の相談員を集めなきゃできない、と考えておられる方がいたら、アドバイスさせてください。相談員が「チャットの速さで文字をタイプできなかったら」、OJT として「タイプできる若手」と組めばいいのです。そのほうが人材育成に貢献できます。

　SNS に怯える相談員のみなさん、いいですか、ログインできないくらいで、SNS 相談ができないなどと言っている場合じゃありません。文字でしか人とコミュニケーションできない被害者が、数え切れない被害者が、あなたが相談窓口をつくってくれるのを待っています。相談員なら、受けて立ちましょう！

タイムマシンがあったなら

　SNS による相談は、性暴力被害など女性に対する暴力被害の相談対応として、絶対に必要だと筆者は思っています。

　これまでの経験から、SNS 相談では「女性の相談者が多く」「性暴力被害者も多い」ことがわかったからです。そして、暴力のただなかからの相談が多いからです。

・いま、夫が包丁を振りかざしている
・今朝、交際中の彼に痛めつけられた

・昨日、父親にレイプされた

　こんな相談にふれるたび、この相談者をいま、サポートすることができてよかったと思います。被害を受けてからの時間が短ければ短いほど、回復は早いはずだから。
　筆者の法人が運営している「よりそいホットライン」では、とても多くの「過去の暴力被害のために生きづらさを抱える女性たち」の相談を聞いてきました。抑圧してきた幼いときの性暴力被害があって、職場でのセクハラをきっかけに、フラッシュバックが強くなり、外出できなくなった女性、父親からの性虐待を誰にも相談できず、たった一人で生きてきたが、父の介護に直面させられ、ただ立ちすくむ女性……。
　この女性たちが被害に遭っている、その瞬間へ、タイムマシンを使って飛ぶことができたなら。その相談を受けることができたなら。そう思ったことはありませんか？　もしも駆けつけることができたなら、彼女たちのいまの生きづらさは、どれほど減るだろうと想像します。
　SNS相談はタイムマシンではないけれど、長引く被害の影響を未然に防ぐツールとなりうる可能性があります。
　暴力のただなかから、被害の当事者がアクセスしてくれるかもしれないから。
　暴力のただなかへ、相談員が切り込むことができるかもしれないから。
　不安なこともいっぱいあるかもしれませんが、ぜひSNS相談にチャレンジしていただきたいと思います。

SNS相談って
どういうもの?

SNS 相談は、実際にはどのように展開されているのでしょうか?
SNS 相談を手がけている団体に、どのような相談を受けているか、
相談事業としての効果、課題などについて聞きました。

LINE 相談はあくまで入り口

NPO 法人　BOND プロジェクト代表　橘ジュンさん

—— 「LINE 相談」と銘打って始めたのはいつですか?

　2016 年に少女や若い女性を支援している「若草プロジェクト」
に依頼されて始めたのが最初です。その後、2017 年に神奈川県座
間市のアパートで 9 人の遺体がみつかる事件が起きました。被害に
遭った 10 代、20 代の女性たちと加害者との接点は、SNS の交流
サイトでした。被害者と BOND で関わっている女の子たちが重なっ
てみえ、うちの相談者に緊急でアンケート調査をしました。

　聞いた内容は「SNS で知らない人とやりとりしたことがあるか」
「その人と実際に会ったことがあるか」など。60%くらいの人が知
らない人とやりとりしているという結果が出ました。リアルな世界

> LINE 相談
> 月、水、木、金、土曜日
> の 14 時〜18 時（受付は
> 17 時半まで）、18 時半〜
> 22 時半（受付は 22 時ま
> で）。ID は @bondproject

図 2 - 1
BOND での LINE 相談の
様子
（提供：BOND プロジェクト）

では話せないことでも、SNS なら話せるという、私たちが相談を
受けている女の子たちと被害に遭った女の子たちが、同じような状
況だったことがわかりました。身近な人に相談できず、ネット上に
居場所を求め、そこで自分の弱さをさらけ出して、犯罪に巻き込ま
れてしまう——その構図がわかりやすかった。当時もメール相談や
LINE 相談をやっていたのですが、もっとちゃんとネットパトロー
ル（ネット上に居場所を求める女性たちにインターネットを介して
アクセスし、BOND プロジェクトの相談につなげるアウトリーチ
活動）をやり、LINE 相談を強化していきたい、と始めたのが 2018
年の 3 月でした。

——BOND の LINE 相談の特色は何ですか？

　うちは 10 代、20 代の女の子専用の LINE 相談です。BOND は
2009 年から活動していますが、そのなかで出会った生きづらさを
抱えた若い女の子たちは、専門家よりも、近い世代から共感しても
らいたかったという人が多かった。その子たちに合わせて使いやす
いもの、マッチした体制で LINE 相談をやろうと思っていたので、
相談員は 10、20 代を中心とした女性たちです。支援者が相談者と
同じアンテナをもっていないと、私たちが話を聞きたいと思ってい
る子には届かないと思うので、そのように関われるような体制をつ
くっています。

　うちはこういうやり方ですが、専門家の方に聞いてほしいとか、DV被害支援に特化した人に聞いてもらいたいとか、それは相談したい子が選べばいいと思っています。選べることが大切なので、それぞれの特色のようなものはあっていいのかと。

――相談を受けた後の対応は？

　私たちの活動のなかで、生きづらさを抱えている子たちの背景には、暴力や虐待、貧困だとか、望まない妊娠、ストーカー被害、DVが含まれていることが多かった。なので、LINEで相談を受けたら、そこから私たちのようなベテラン相談員が、その子に必要な社会資源、支援につないでいっています。

　LINE相談はあくまでも入り口にすぎません。そこから直接支援をめざしてやっていく。会って話を聞く、必要な支援者につなぐ。これは私たちのもともとのやり方だったので、LINEによって窓口が一つ増えた、広がった感じですね。

　話を聞いてほしい、というだけならいいですけれど、支援が必要な子も確実にいます。ツイッター、掲示板、サイトなどでハイリスクな女性たちがつぶやいているので、ネットパトロールをして、ちゃんとした相談先を提供したり、困っている女の子たちに声をかけたり、悪質な大人たちを通報する。いろんなことをするなかで、こういう相談先がありますよ、と教えてLINE相談につながってくれたらいいな、と思っています。

　LINE相談につながったら、こちらからも聞きたいことや確認したいことがあるので、「電話できますか」「メールできますか」とやりとりするんですね。なぜかというと、LINE相談はつながっている間はやりとりできますが、閉じてしまうとつながらない。その後の引きつぎや継続支援もしづらい。電話かメールで連絡をとれるようにして、面談や必要ならシェルターにつなげていきます。

　相談は全国から受けています。首都圏以外の遠方、北海道や九州でも必要なら会いに行きますね。各地の支援者のネットワークに頼むこともあり、助けられています。

——LINE 相談ならではの難しさは？

　相手が文字だけだと、わからないこともあります。たとえば「妊娠した」というけど、性別もわからないですよね。いろいろとありますが、私たちとしては支援の必要な子には会えると思っています。聞いてもらうだけがいい子もいて、そこはそれで当然受け入れます。困っている子に私たちは実際に会って関わっているので、いまは会うことを選べない子もいるから焦らないで、と相談員さんには言います。会うかどうか決めるのは相手だから、またつながるように、連絡が途絶えないように今日は聞いてあげて、と。それが明日につながることになるよ、といっています。

　「死にたい」っていう子が遺書を送ってきたり、リストカットの傷跡を送ってきたりするんですが、どこで本当に危険だって判断するか悩みますね。通報するとなったら、相手の個人情報を教えてもらえる関係じゃないと通報できないですから、情報を聞き出せる関係をつくる。それしかないと思います。

　「性被害を受けた」という相談があり、いっしょに（専門の）相談に行こうよ、と誘って、行政の女性相談につないだとたん、何も話せなくなる子がいました。そのとき、感じたんです。話せることがないのかなって。どういうことかといえば、性被害は実際には受けていない。でも、その子からしたら、自分の話を聞いていっしょに考えてくれる人がいることがわかって、うれしかったのだと思いました。それで申し訳ないと思って言葉に詰まったのでしょうね。私はこういう時間も大事だと思っています。これでこの子は救われる。うそでもいいんですよね。うそはうそなりのかかわり方、人間関係の作り方がある。これからは何かあったときに、うそをつかなくても話を聞いてもらえるとわかったね、よかったね、って彼女には伝えました。

　本人の中には、自分が必要とされていない寂しさだったり、家族との関係で悩んでいたり、ということがあるんですが、（支援する側にとっては）性被害じゃなくてよかった、あなたが傷ついていなくてよかった——これはそういう話です。それを相談員さんが「うその相談を持ち込んだ」というふうに取られたら困ります。これから相談員をされる方々には、こういうケースも「聞けてよかった」「出

会えてよかった」と思ってほしい。面倒でも、若年女性支援は時間をかけて関係性をつくることが必要です。

――きちんと話を聞きとることが大事ですね。

「これうそじゃない？」「こんなことあるかな」と、相談を受けている私たちが勝手に思わないことですね。本人しかわからないことだから、そこにつき合う気持ちがないとやっていけない。実際、ありえないようなことも起きている。もちろん私たちもケースバイケースで事実を確認することもあります。「性被害に遭っている」とか「管理売春されてた」など、事件性があるような場合だったら、「やりとりなど残っている？」って、聞くこともあります。そうしないと被害者なのに女の子側が不利になってしまうし、証拠がないことで泣き寝入りしなくてはいけないことなどもあるので、どんなときも女の子の味方でいたいという気持ちからです。

「助けて」という子には、ちゃんと聞かないといけない。個人情報を出してもらわないとつながらないし、「（連絡先は）言えない」と言われたら、いま支援は必要ないってことだと思って相談内容にかかわらず、焦らないで割り切る冷静さも時には必要ですね。

LINE相談が始まって、BONDの活動はやりやすくなりました。これだけの体制で相談を受けられるものは、ほかになかったですから。週5日、8時間で集中してスケジュールが組めるのはすごいことです。相談や支援のあり方について、教えてくれる人は相談者だと思っています。たくさんの声を聞き、彼女たちが声を上げやすい場をこれからもどんどん増やしていかなくては、と思っています。

限界も魅力もあるSNS相談

公益財団法人プラン・インターナショナル・ジャパン　菅野亜希子さん

――チャット相談を始めたきっかけを教えてください。

スタートは2020年の6月です。もともと国内の若い女の子のための居場所づくりと相談事業の準備を進めていたのですが、新型コ

> 女の子のためのチャット相談
> 月曜日15時〜19時、火、木、金曜日13時〜17時。首都圏のおおむね15〜24歳の女の子が対象

図2-2
菅野亜希子さん

ロナウイルスの感染拡大があり、非常事態宣言が出て、外出自粛で
制限がかかるということで、家でもどこからでも相談ができる場所
が必要だろうと急きょ、チャット相談を始めることになりました。

　当初は緊急、一時的な事業としてやるつもりだったのですが、コ
ロナの影響が長引きそうになったため、継続していくことになりま
した。また外出制限がかかるような時期に、ニーズが増えるだろう
と思っています。秋冬を越えてまだ長引くようであれば、さらに継
続を検討します。

——急なスタートでしたが、どのように事業を周知・広報されたの でしょう？

　広報の仕方で迷ったのは、緊急的な短期事業と思っていたので、
どの範囲まで情報を伝えたらよいのかということでした。SNS相
談を始めるとかなりの相談が寄せられると聞きましたので、私たち
の相談人員で対応できるのかという心配もありました。実際は関東
近県でさまざまな団体とネットワークができていたので、その方々
にお願いし、子どもや若者の直接支援をしている団体には張り出し
用のチラシを送りました。全国紙でとり上げていただく機会もあ
り、たくさん相談がくるだろうと思っていたのですが、ふたを開け
てみると、ページを見にくる訪問者は増えたのですが、そこから実
際にチャット相談に入ってこられる方は少なかったのです。新聞と
いう媒体では、私たちがターゲットとする青年期の女の子たちには
情報が届かないと感じました。この世代に周知するのは大変です。

　6月はあまり相談がなかったのですが、プランにはユースのグ
ループがあり、メンバーの子たちから自分のSNSを通じて情報を
流してもらったり、ユース世代のSNSの活用の仕方について教え
てもらったりしながら進めました。7月あたりから、グーグルやヤ
フーなど、ネット検索で調べて入ってくるケースが増えました。い
まも、ネット検索で入る子たちがほとんどです。

　遅い時間帯に相談が多いかと思ったらそういうわけでもなく、い
ま多いのは午後3〜4時ですね。意外でした。相談ニーズのある
方は、必ずしも学校に行っていたり、仕事ができていたりするわけ
ではない。家の外に居場所がない。家の中でも家族との関係がぎく

しゃくしていて、チャット相談にしかつながれるところがないという人の相談がたくさんあって、それで昼間の時間帯にニーズがあるのかな、と思いました。

—— どんな相談がきていますか？

　コロナ禍のなかで始めたので、生活困窮とかコロナ感染への不安といった精神的なものや経済的な相談が多いかと思ったら、それより家族、友人、彼氏などの人間関係に関わる精神的な問題がいちばん多いです。感染拡大が長引くと状況は変化するかもしれませんが。

　それと相談員のなかに助産師もいまして、それも関係があるのか、性に関する相談が非常に多いです。これは想定外でした。性といってもさまざまで「不正出血があるがそれは何なのか？」という相談から、避妊やマスターベーションに関することまでさまざまです。初めての経験の年齢はいつごろが適切なのか、とか。妊娠に関わる相談もあります。そういう相談が多いのをみると、性の悩みは友だちにも家族にも聞けない、ということだと思うんです。匿名で相談できるチャットは、性の問題を相談できる場所として適しているのかなと思います。

　世代ゆえかもしれませんが、容姿や体形についての悩み、児童虐待、SNSを通じて起こる暴力、彼から暴力を受けたというデートDVなど、深刻なものもきています。

—— 有資格者の方が相談員になっているのが特徴ですね。

　私たちのところは心理士、社会福祉士、精神保健福祉士、助産師など資格をもっていて、福祉や医療の現場で支援をした経験のあるスタッフが相談にあたっています。当事者が相談にのることのメリットも感じる一方、対応が困難なケースがあることも理解しています。今回は緊急性があって開始した事業でもあり、青年期の女の子の支援経験のある専門職が対応できることで、簡易マニュアルの作成、最低限のトレーニングの後に、迅速にスタートすることができました。ただSNS相談は初めてのスタッフがほとんどなので、チャットシステムなどの技術的なところも含めて、試行錯誤しつつ進めてきました。

──どんなところに難しさがありますか？

　一つは相談の継続性というところ。こちらの相談員も日ごとに変わるので、リピーターさんでも、継続して相談できないのがジレンマとしてあります。

　もう一つは必要に応じて情報提供はしていますが、実際につながったかどうか確認できないところです。たとえば家や学校に居場所がないという場合には、その年代の子が安心安全に過ごせる場所の情報を提供しますが、紹介してつながれたかどうかはその人次第。その後の経過が心配になることも多いです。対面支援であれば、支援者がネットワークを組んで、その方を中心にして希望に応じて支援していけるんですが、それができないのは歯がゆいですね。

　チャット相談する女の子が、関東近郊在住であれば、プランの活動で支援できる可能性もありますが、遠方は難しいですね。どこに住んでいる女の子でも、できるだけ必要とする支援を提供している機関や団体へつなげられるように、安心して相談できる機関をあらかじめ調査しておくなど、準備をしています。

──これから相談員を始める方にメッセージをお願いします。

　SNS相談の限界も感じていますが、SNSを通じた支援の大切さもわかってきました。

　とくに学校に行けないとか、仕事に就けない状況にある、それがきっかけで家族ともうまくいかない、となると、外にも出ていけないし家にも居場所がなくなります。そうなるとSNS相談が一つの命綱になる、というケースがあります。対面相談って、相談に来るのを待っていることが多いですよね。でも、SNSって、いつでも向こうから気軽に入ってこられるメリットがある。匿名にも意味があると思います。ニックネームでやりとりするので、聞きたいことが自由に聞けるのだと思います。性の相談のように、だれにも気軽に聞けないことも相談できる。それもSNS相談の大きな魅力なのかなという気がします。

　若い世代は大人につながることに抵抗があったり葛藤があったりする年代。一方で、同年代の友だちどうしでいくら話しても、解決できないことはたくさんあります。そういう意味では、SNS上で

あっても、相談経験のある大人が対応する、ということにも意味があると思っています。女の子たちは友だちの価値観と比べて葛藤していたりするので、そこに大人の見立てやより正確な情報が入ると、解決に結びつくこともあると思います。

　はじめは相手のペースをつかむのにどうしたらいいのかと、不安もありました。相手の感情に耳を傾け、いっしょに整理していく作業は、対面相談と共通する点が多いと、あとになって気がつきました。個人の好みもあると思いますが、相談者の世代で、コミュニケーションの方法は異なる、ということをSNS相談準備の際に意識しました。SNSや対面、さまざまな形式でのサポートが、今後も増えていくことを心から願っています。

ベテラン相談員こそSNSに挑戦を

株式会社明日葉　パブリック事業部長　西尾恵子さん

　自治体から委託された児童虐待防止のためのLINE相談を実施しています。子育て中の若い親御さんからの相談が多いですが、いまは小学生からスマホをもっているので、子どもたちからの相談も結構きます。

　相談員は全員有資格者ですが、もともとSNS相談が得意です、という方々ではありません。児童虐待に長年携わってこられ、相談を受けるなかで、子どもたちや若い親御さんたちを支援するためには直接面接や電話相談だけではニーズを満たせない、SNSを使った相談が必要だ、ということに気づいて希望してきた方が多いのです。元児童相談所の職員や保健師、看護師、精神保健福祉士、心理系の資格をもっている方、スクールカウンセラー、そういう方々が、子どもへの虐待をなくしたいという思いをもって取り組んでいます。

　相談員さんは約40人いて、シフトを組んで相談を受けています。SNS相談は初めて、という方もいますが、相談、傾聴が身についている方であれば、SNSだからこそのテクニック的なことは、わ

りあい早くマスターできるのではないかと思います。

　事業を始めるにあたり、SNS相談の経験のある人からレクチャーを受けました。たとえば、電話相談や直接面談では、相談者の言葉をそのままくり返して「○○なんですね」と確認していくことが、傾聴の基礎的なスキルだと思います。ところがそれをチャットの画面上でやってみると、「コピペですか？」とぜんぜん違う印象を与えることがわかりました。話し言葉でやりとりしているときは違和感ないですが、スマホの画面で、一度言ったことを語尾だけ変えてくり返していると、たしかにおかしい。

　コピペかAIか、と思われないよう、生身の人間がいま、あなたのお話を聞いていますよ、というのをどう伝えていくのか。SNS相談だからこそ気をつけていかなければならない、と思いました。相談者役と相談員役に分かれてSNSを介してメッセージをやりとりするというのも、いちばんはじめにやるトレーニングとして気づきが大きかったです。

　相談相手とスピードを合わせるのもむずかしいですね。タイピングが遅い人は毎日、始業前に指ならしとして自主的に訓練しています。でもこうした技術的なことは、トレーニングを積めばなんとかなります。それよりも、相談を受けるのに必要な知識、判断力をスピーディーに発揮できる、そういう基礎的な体力は、長年の経験に裏打ちされていないと、ちょっとしたトレーニングではどうにもなりません。私たちは相談員としての「基礎体力」のある人を優先的に採用しています。

　どの分野の相談員にも、百戦錬磨のこの人がいれば安心、という先輩がいらっしゃいますよね。そういう方には「SNS相談なんて私には無理」と言わず、ぜひ参加してもらいたいと思います。毎日タイピングしていれば何とかなりますし、相談を何回線かで受けているときは、文字を打つ人だけでなく、スーパーバイザーが必要です。ベテラン相談員がスーパーバイザーとして全体の状況をモニタリングし、「これにはこう答えようよ」と即座に指示を出したり、ほかの相談員が「これ、どう返そうか」と迷っているとき、的確にアドバイスすることもできます。「私、打てないんです」という人でも、スーパーバイザーとして入っていただくのはいいと思いま

す。電話や面談では、相談中にほかの人にアドバイスを求めるのは
ほぼできないじゃないですか。でもSNS相談はそれができる。チー
ムで対応できるのはSNS相談のいいところだと思いますし、そこ
に超ベテランが入ると安心ではないでしょうか。

　SNSで相談を受けて、そのあと同行支援をしない場合は、SNS
のなかで完結する出口、リファー先（問題解決をはかるための適切
な専門機関など）などをきちんと確保する。それを適切に相談者に
伝え、相手がアクションを起こせるよう、うまく橋渡しするという
のも私たちの大事な役目です。お気持ちお聞きました、だけではな
くて。私たちは公的機関からの委託事業なので、独自で同行支援し
ない代わりに、緊急性のある場合はここに連絡する、こういうとき
には通報するというように、きっちりした基準を設けてつないでい
ます。

　チャットって断片的で、文章としてでき上がっているものばかり
ではないので、相談者がどこまで差し迫った状況にあるのかがわか
りづらい。深刻な被害なんだけど、それがいままさに起こりつつあ
ることなのか、昨日の出来事なのか、10年前のことでいまの自分
の辛さになって表れているのか、書いてあるのを見ただけではわか
らない。それをどううまく聞きとるか。相手が被害について切々と
語っているときに「それはいつのことですか？」と差しはさむタイ
ミングはむずかしい。相手がわーっとなっているときは、相手のペー
スで聞く。でも必要な事実確認は進めていきます。

　児童虐待の相談を受けていると、「（子どもを）殴ってしまいそう
だからLINEしました」というのも入ってきます。そんな予防的な
使い方もできる。「この相談窓口が役に立ったんだな」と手ごたえ
を感じる瞬間でもあります。深刻な虐待事案に対応するのももちろ
んですが、「この子にイラついています」と私たちに気持ちをぶつ
けることで深刻な事態を回避できるなら、そういうふうに気軽に
使ってもらいたい。「お守り」代わりにスマホにアプリを入れ、い
つでも相談できるように登録しておいてもらえるといいなと思って
います。

SNS 相談の
基本スキルと注意点

対面や電話での相談と違い、表情やしぐさ、声で相談者の状況を読みとることができない SNS 相談には、独特の難しさがあります。返信のタイミングや言葉づかい、情報提供の仕方など基本的なことから、聞きとり方の工夫、切り上げ方（終わらせ方）、なりすまし対策など、SNS の特徴をふまえた対応、注意点をまとめます。

実はむずかしい SNS 相談

SNS での相談は、おしゃべりするように手軽に始められるイメージがあります。しかし、表情やしぐさ、視線のひとつひとつから読みとることができる面談とは違い、文字だけの SNS は把握できる情報が限られています。SNS は、非言語情報によるところが大きいカウンセリングなどに向かないという指摘もあります。

チャット（リアルタイムでのメッセージのやりとり）で1対1で話していると、会話のなかに主語がないことが往々にしてあります。このため、主語の確認を怠ると、その相談の中身が誰の話かわからなくなってしまうことがあります。

主語がなくて、その確認もしなかったために、のちに大変なこと

になった SNS 相談の実例があります。若い女性からの性暴力の相談で、

「友だちと遊びにいった帰り道、男の子数人にナンパされ、飲んだあとにカラオケへ行ったら、そこでレイプされた」

というもの。それから 2 日たったというので、緊急避妊薬が使える時間（72 時間以内）が迫っていることから、支援員たちが緊急で同行支援することにしました。

　支援者たちがその女性に会いに行き、病院に連れていこうとすると、なんとレイプされたのはその女性の友だちのほうだった——それが会ってはじめてわかったのです。

　きちんと主語を確認しよう、とはこういうことなのです。「レイプされた」と言われ、主語がなかったら、「それはあなたのことですか？　それともお友だちのことですか？」と聞く。「いつ起こったことですか」「病院には行ったのですか」などとアセスメントをする。

　たとえば「夫に殴られた」という相談でも、よく聞けば、殴られたのは 3 年前だった、ということもあります。緊急ケースだからこそ、あせらず慎重に正しく聞きとる必要があります。緊急の場合、

アセスメント
相談者の置かれている環境や状況などを聞きとり、支援に向けた情報収集や危険度の分析をすること。

事態によって支援の方針が変わるため、理解を誤ってはいられないのです。しかし、電話ではたたみかけるように質問できることも、SNSはそのやりとりがもどかしい。このため、電話にすれば5分ですむ相談も、SNSでは30分かかるといわれています。

　状況を聞き出す際には、相手への思いやりも大切です。こちらからの質問ばかりが続くと、不満に思う相談者もいるかもしれません。そんなときは、相談者に聞きたい質問を打ったあと、カッコ書きで

　（質問ばっかりでごめんなさいね、心配だったので。いろいろ教えてほしい）

などと付け加えると、理解を得やすくなると思います。

返信のタイミングをどうするか

　リアルタイムで相談者に返信する際には、ある程度相手のスピードに合わせる必要があります。あまりにやりとりするタイミングが合わないと、せっかく入ってきた相談者に離脱されるおそれがあるためです。スマホを使い慣れた世代は、そうでない世代からみると、かなりのスピードで文字を入力しています。そのスピードについていくのは大変ですが、相手が速ければ速く、ゆっくりしたテンポであればゆっくり返したほうがいいということです。人員に余裕があれば、ベテラン相談員だが文字入力の遅い人と、相談はまだ一人で受けられないが入力の速い人がペアを組むことで、スピードの問題をクリアでき、同時に人材育成にもつながるという、一石二鳥の解決策をとれるかもしれません。

　入力のスピードとは別に、相手が書き込んできた相談や質問に対し、その返信の内容がすぐに頭に浮かぶか、という課題もあります。「リプライ（返信）は1分以内」ということを基本にしているSNS相談のやり方もあります。1分以内にその相談を展開させられるだけの答えを持ち合わせていないといけない、ということです。相談者が書いた内容を読み、さてなんて返信しようか、などと考えて紙に答えを書き出しているようでは、あっという間に時間がたってし

まいます。その間、相談者には自分が放置されているように受けとられかねません。

　黙り込まずに、とりあえず何か文字を打ってみましょう。「そうなんですね」「なるほど」など、相づちを打つような文言が返ってくるだけで、「あ、本当に聞いてもらえているんだ」という感じが相手に伝わります。SNSに慣れていない人ほど、返信に相づちが入っていないことが多くあります。ただでさえ文字を打つ時間がかかって「沈黙」が続いてしまうのに、まったく相づちが入らないと、相談者に「ちゃんと聞いているのか？」と受けとられかねません。

　深刻な内容を受け、長文で返信する必要があるときなど、入力に時間がかかりそうな場合は「いま、お返事を書いています」「いま読んでいますので、少しお待ちくださいね」などと断りを入れましょう。場合によっては、相談の最初に「打つのが遅いですが、よろしくお願いします」と言ってしまうのもよいでしょう。誠実に対応するよう心がけましょう。

　返信は慣れてくればスムーズにできるはずです。たとえば、電話相談で「夫のDVで悩んでいます。どうしたらいいんでしょう、離婚したほうがいいでしょうか」と相談者に問われたら、電話口で「ちょっと待ってくださいね。あなたへのお返事を考えますから」とは言いませんよね。「そうなんですね。DVはいつからですか？」

と口をついて出るでしょう。SNS も同じだと思います。考えていることを口に出すような感じでタイプする、タイプしながら考えるのもよいでしょう。すぐに返事ができないようなら相づちを打つ。これが基本です。

　返信が遅れていると、一つの吹き出し（メッセージ）に返信しようとしているうちに、次のメッセージが入ってきてしまうことがあります。返信したときには次の話に移っていて、どんどんずれて、どれに対する返信かわからなくなってしまいます。ずれたときは「ずれてしまってごめんなさい。いまのは○○についての返信でした。次に戻しますね」と送りましょう。早めに軌道修正することが大切です。

言葉づかいはどうする

　相談者とやりとりするさいには、どういう口調、表現がよいのでしょうか。

　基本的には「です」「ます」口調で対応します。相手に敬意を払うことが大切です。ただ、相手が若かったり、くだけた話し方をしたりする場合は、ていねいすぎる言葉づかいのせいで相手との距離感が生まれてしまうこともあるため、ややくだけた口調でやりとりするなど、一人一人に合わせた対応が必要です。

　しかし、若年層だからといって、いきなり「○○だよね」「○○なの？」などとくだけた言い方にすると、ばかにされたと不愉快に思ったり、なれなれしいと嫌がったりする相談者もいます。一方、ある程度の年齢でも言葉を崩してくれたほうが話しやすくて安心、という人もいます。迷ったら「敬語を使わないほうがいいですか？」「言葉を崩したほうが話しやすいですか？」などとたずねてみましょう。「硬い言葉だと話しにくいので、少し柔らかめで」と相手から言ってくれる場合もあります。

　「です・ます」調と、崩した言い方を交互に使うのも一つの方法です。たとえば、次の例をみてください。

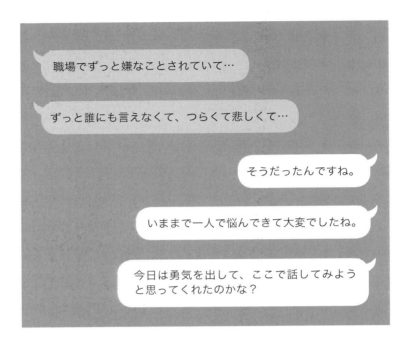

最初から最後まで友だち口調ではなく、崩すところは崩し、きちんとした言葉づかいで締めるところは締めて、メリハリをつけましょう。

　文字だけでやりとりするSNSでは、目で見たときの受けとり方にも注意を払う必要があります。たとえば、電話相談の場合、「レイプされました」と言われたら、「いつレイプされましたか？」と言い換えずに返したほうがいいですが、SNSでは「レイプ」と文字が画面に残るため、そのままの言葉で返すと相談者には刺激が強すぎます。相談者があとからチャットを読み直したときに、つらい気持ちになるかもしれません。「そのような被害に遭ったのはいつですか？」などと、直接的な言葉を避けて返信しましょう。耳から入る言葉と文字では、インパクトが違うことを覚えておきましょう。

話を展開するための質問力

　SNSを使った相談は、細かいアセスメントができないものだといわれています。なぜなら話を展開するのに時間がかかるからです。

だとすると、どこにポイントをおいて話を聞いていくのかが重要になります。相手から話してもらうのをただ待つ、相手が話したことをただ聞くという受け身の姿勢では展開していけず、本質にたどり着けません。相談員には話を展開していくための「質問力」が問われているのです。

相手に何を聞いたらいいのかは、相手の状況や心境に思いをはせることで浮かんでくるはずです。相談者が一言「殴られた」とつぶやいたら、大丈夫かな、つらい思いをしているんじゃないかな、もしかしたらスマホの向こうで血を流しているかもしれない——そういう想像力が必要です。それは本人が書いてくれないとわからないのです。相談員の側が「もしかしたらこうなのでは？」と思ってたずねてみましょう。「大丈夫ですか？」「けがはしていないの？」「殴られたのはいつのことですか？」「病院には行きましたか？」と聞いてみましょう。

事実確認だけでも、相手のことを思いやって心配するだけでもだめで、うまく組み合わせて質問していく必要があります。その相談者さんは自分と仲のよい友だち、と思って聞いてはどうでしょうか。友人のA子ちゃんに「つらいんだ」と言われたら、「どうしたんだ、何があったんだ」とたずねますよね。自分の大切な人だったら、何と声をかけるでしょうか。「お金がない」と言われたら、「ごはん食べてる？」とか「家賃払えているの？」「住むところあるの？」と心配するのと同じように、接することが大事ではないかと思います。

質問を重ねていくと、相談者の背景にまだ何かがある、と気づくことがあります。それをチャットのなかだけで全部聞くのはまず無理です。電話相談などにつなぐ必要が出てきます。

SNS相談に入ってくる人はさまざまですが、電話で相談するのはハードルが高いと思っている人も多く含まれます。「相談慣れしていない人」ともいえます。相談の入り口となったSNSの相談員がていねいな対応をして、安心できる相談になれば、その相談者は「ここだったら本当のことが話せるかも」と思ってくれるかもしれません。そこで信頼できれば、次のステップである電話相談に進むこともできるでしょう。

傾聴ではなく、問題解決に向けて

DVや性暴力などの被害を受けた方々の相談を受ける場合、相談者の悩みや気持ちを傾聴し、共感・受容するだけでは、「相談を受けて解決に向かった」とはいえません。現実的な問題の解決がなされないかぎり、相談者がエンパワーメントされて次の一歩を踏み出すことはできないのです。めざすべきは現実的な問題の解決です。

その悩みに対しては、「法律的にはこういうことができます」「それにはここに行って相談をしましょう」と提案することが求められます。DVを受けている場合、たとえば、あなたのお住まいの地域にはこういう相談機関があり、こういう相談ができます、お子さんへの虐待もあるので、児童相談所で相談することもできます——といった具合です。

こうした課題を抱えた人が活用できる法律や制度、機関、施設、団体などを総称して、社会資源といいます（第4章参照）。DVの相談機関として「配偶者暴力相談支援センター」（配暴センター）が真っ先にあげられることが多いですが、利用したことのない人にはどんなところかわかりません。「○○という相談機関があります」と施設の連絡先など外形的な情報を伝えるだけでなく、そこに行けば何ができるのか、どういう手続きをすればいいのかといったソフト面も含めた情報を提供しましょう。

たとえばこんなふうにです。

> **エンパワーメント**
> ジェンダー規範などによって奪われた自身や尊厳などを取り戻し、もともと持っていた力が発揮できるようになること。

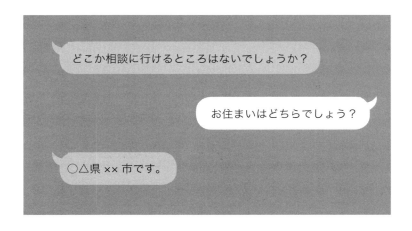

あなたがお住まいの地域で利用できる機関を紹介します。ご相談してみてください。
・○△ウイメンズプラザ（○△県 ×× 市）
　電話 0987-33-×××× （月〜金、9 〜 17 時）
URL　www.womens.pref.na.jp
・○△県女性相談センター（○△県 × ○市）
　電話 0988-56-×××× （月、水、金の9 〜 16 時半）
いずれも電話相談のほか、面接相談も実施しています。面接の場合は予約が必要です。このほか、地域によっては市や区が設置した配偶者暴力相談支援センターもあります。相談するときは内容を整理してメモしていくことをお勧めします。

　警察も、被害届を出すためだけではなく、加害者への警告や緊急時に備えた電話番号の登録制度など、被害の発生を未然に防ぐためにも利用できることを伝えるのも、ソフト面の情報提供です。「夫と離れると経済的にやっていけないから、DV を我慢しなければならない」と考えている相談者には、離婚が成立するまでの間、夫に生活費として「婚姻費用（婚費）」を請求できることやその方法、子どもの「養育費」の算定方法など、より具体的な情報を伝えることが、一歩踏み出す力になります。

　SNS は社会資源を伝えるには便利なツールです。チャットの画面に必要な機関の URL を貼りつければ、相談者は画面から直接、入ることもできます。SNS 相談に入るときには相談画面のほかに、検索画面を開いておくとよいでしょう。

　こうした社会資源について情報提供するだけにとどまらず、緊急性が高かったり、複合的困難を抱えたりしている相談者には、支援を受けやすくするために、関係機関や支援団体につなぐことが必要になります。

　たとえば、

・配偶者暴力相談支援センターや福祉の窓口などを紹介し、相談者が一人で行って、自分で事情を説明するのが難しい場合、本

人の了解を得て、その行政機関に電話し、担当者にあらかじめ
　　事情を説明しておく
　・弁護士事務所に行って相談するのに同行する
　・相談者の居住地にある民間団体で面談や同行支援を受けられる
　　ように段取りする

このような社会資源に「つなぐ」支援はとても重要です。
　同行支援は相談員の大切な役割ですが、その前に、相談者の力を
信じて任せることも大事な判断です。たとえば地元の配暴センター
や福祉事務所などを紹介する際、「ご自身で行けますか？」とたず
ねて「行けます」と返ってきたら、本人の意思を尊重して応援しま
しょう。うまくいかなければ、また相談してもらうようにしたらよ
いのです。一人で行けるかどうかも聞かずに「この人は自分ではで
きないだろうから同行支援が必要だ」と、相談員側が決めつけては
いけません。最終的な目標が、自ら動いて解決していくことだとす
れば、相談員や支援者がやみくもに手を貸せばよいのではなく、本
人がどこまでできて、どこはできないのか見極めることも重要です。
　DVで相談してくる人は、DVだけが問題ということはむしろ少
なく、病気や障がい、経済的問題など、複合的な困難を抱えている
ことがしばしばあります。そのからみあった問題をひとつひとつ解
きほぐし、それぞれに適切な相談・支援機関、制度を紹介していく
必要があります。そのとき、残念ながらいまの日本には、1か所で
解決できるような「ワンストップセンター」はなく、「縦割り」の
行政機関に合わせて対応していくしかありません。一人の相談者の
複数の問題をひも解いて、その支援策を考え、相談者にわかるよう
に具体的に提案していく作業には、ソーシャルワークの視点が欠か
せません。すべての分野に精通するのはむずかしくても、答えの「引
き出し」を一つでも多くもっておくようにしましょう。

終わらせ方にこそスキルが必要

　SNS相談は電話や対面での相談に比べ、相談時間が長くなりが
ちです。

　それでも、よほど複雑な相談でなければ1時間程度を目安に終わらせるようにしましょう。複数の問題を抱えていたとしても、1時間半程度で切り上げるようにします。それ以上やりとりを続けても、同じことのくり返しになりやすく、もやもやした気持ちを引きずってしまい、相談者のためになりません。

　しかし、終話まで2時間、3時間とかかっているケースも見受けられます。

　時間がかかるのは、多くの場合、相談者が終わりにしてくれるのを待っているからです。もちろん、相談者に気持ちを吐き出してもらうことも大切ですが、相談員が受け身で「そうなんですね」「つらいのね」と一方的に聞き続けるのでは、いつまでたっても終わりがみえません。相談者の状況を聞きとって事実確認をし、その人にあった社会資源についての情報提供とアドバイスをする。そうしたまとめていく作業が必要です。

　まとめとは、たとえば、

　「あなたの話をこう理解しました。あなたが悩んでいるのは夫からのDVなんですね。離婚したいと思っているけれど、経済的な不安があって離婚できない、と」

　「私はこう提案をします。まずはあなたがお住まいの地域の配

暴センターに相談してみてください。調停で婚費の申し立てもできるので、そこについても相談してみてください。ぜひやってみてくださいね」

「次のステップに進みたいとか、その間で困ったことがあれば、また遠慮なくご相談ください。今日はこのくらいでよろしいですか?」

こうしたまとめをせずに、「相手が終わらせてくれない」というのでは、相談員としての力量が問われます。相談はうまく終わらせることにこそ、技術が必要なのです。意識してやると自分なりのまとめ方、終話のポイントがわかってきます。

締めるタイミングを間違えてもいけません。相手が話し足りないと感じているのに、閉じようとすると、「え、もう終わりなんですか?」「まだ話したいこと全部話せてないです」と不満が残ってしまいます。そうならないようにするためにも、最初からきちんと聞きとりをして、解決に向けての大きな枠組みと、手始めに何をしたらよいかをしっかりお伝えする必要があります。

まとめまでいっても相談者から「まだ話したい」と返された場合は、「どういうことですか」と聞き、同じことをくり返すようであれば「申し訳ないですが、次の方が待っていますので」とことわって終わりにしてよいと思います。とくに DV や性暴力の相談窓口であれば、緊急性の高いケースが入ってきますのでなおさらです。

相談内容が複雑で、複合的な問題を抱えているケースは、時間をかけるより、地域で直接面談できるところか、電話相談につなぐことを考えましょう。

付録: デジタル相談の安全手引き (アメリカのシェルターネット NNEDV、オランダ SafetyNed からの情報)

・デジタル相談は時間が長めになる傾向がある。
・メールや SNS では生々しい告白になりがち。
・相談者は急に突然コミュニケーションを止めたりする。

なりすましに注意

　顔をみることも、声を聞くこともできない SNS での対話では、性別や年齢などを偽って入ってくる人を排除することができません。DV や性暴力など、被害についての相談を受ける場合はとくに注意が必要です。

　まず気をつけなければならないのは、自分のことではなく、他者についての相談のケースです。友だちがこんな被害に遭った、妹がこんな被害に遭った、という相談には、「なりすまし」が潜んでいる可能性があります。

　大事なことは、被害を受けた本人に、こちらへ連絡するように伝えてもらうことです。それが無理というなら、「こちらに電話をかけてみてください」と、わかりやすい社会資源を伝えます。

　DV 相談では、加害者がシェルターについての情報を聞き出そうとすることも多くあります。「妹が夫の暴力でシェルターに避難したんだけど、もう予定していた期限が過ぎたのに帰ってこない。心配で。持病の薬が切れている。薬だけでも送ってやりたいから○○市にあるシェルターを教えてほしい」——これは実際にあった相談例です。加害者はこうして巧みに相談に入ってきます。

　シェルターの情報を含め、公的機関が連絡先を開示しているもの、ネット上で公表しているもの以外は、相談者に情報提供してはいけません。関係者に危険が及びます。また公的相談事業であれば、安易に民間団体を紹介すると、利益誘導と受け取られかねません。直接支援が必要で、地元の民間支援団体などを紹介したい場合は、折り返し電話をして本人の確認をしたうえで、団体につなぎましょう。

- ・自分たちの家族や職場ではそのやり方でよい場合でも、必ずしも相談者にはできない通信方法もあることを認識すべき。
- ・SNSのプロフィール写真は、本人とぜんぜん違っていたりするので要注意。

相談者の状況の確認

- ・安全で邪魔が入らない環境でアクセスしていますか。
- ・相談終了後、チャットの履歴や閲覧履歴を消す方法を伝えましょう。デバイスのパスワード変更なども提案しましょう。

自宅で相談を受けるとき

- ・キッチンで家事をしながら相談を受けたりしない。パソコンの前に座って行いましょう。
- ・家族のほかの人にも相談情報が見えたり、聞こえたりしない場所で行いましょう。
- ・たいへん重い内容の相談を受けたりするので、相談員の休憩も大切です。家のなかで仕事をするとしても、相談を受けている時間と、自分の生活とをきちんと切り離しましょう。チームで話し合って、受け止め方をシェアするのもよいかもしれません。

DV・性暴力被害者の支援ツールとその活用

　DV、性暴力被害者など、課題を抱えた人がその解決のために活用できる法律、制度、機関、施設、団体、個人などを総称して「社会資源」といいます。社会資源は、支援のための重要なツールです。相談員が社会資源についてどれだけ理解しているかによって、相談者への情報提供のあり方が変わり、適切な支援へつなぐことによって、相談者にとっては問題解決に向けて一歩踏み出す力になります。相談の質の向上を図ることにもなります。

　SNS相談の場合、広範囲の地域から相談が寄せられることも想定されるため、その相談者の住む地域で使える施設や機関の紹介ができるよう、インターネットなどで検索できるようにしておきましょう。そのさい、同じ法律や制度にもとづく機関やサービスであっても、自治体によって名称が異なったり、支援内容にも差があったりすることが多いので、よく確認して紹介するようにしましょう。

DV 被害の場合に使える社会資源

石本宗子
NPO 法人全国女性シェルターネット理事
社会福祉士

必要な支援の観点から

　まず、被害者のニーズや状況に応じた支援と社会資源の情報提供の仕方を考えてみましょう。

① 避難したいとき

　DV の被害を受けている相談者から「さっき暴力を受けた」「今すぐ逃げたい」などと言われた場合、安全確保のための対策をいっしょに考えたり、安全に避難できる方法などを伝えたりしなければなりません。

　身体的な暴力を受けていたり、生命・身体に危害を加えるという脅迫を受けていたりする場合は、警察による支援が第一です。DV被害者支援は「生活安全課」が担当です。支援を申し出ることにより、

・（加害者からの）行方不明者届（捜索願）の不受理
・加害者への警告
・（安全確保のため）荷物の引き取り
・引っ越しの際の立ち会い
・一時保護の情報提供
・110 番通報登録（緊急時に備え電話番号や住所、相談の内容をあらかじめ登録しておく制度）

など、その人の状況に応じて支援が行われます。

　一方、被害届など被害申告を受け付けるのは「刑事課」です。被害届を提出することで、警察は加害者の逮捕・勾留や刑事事件としての手続きをします。逆に被害届を出さなければ、現行犯でもないかぎり、加害者（パートナー）がいきなり逮捕されることはありません。警察に相談すると、パートナーが犯罪者になってしまうのではと心配する声をよく聞きますが、警察は、まずは暴力を止めに入

ること、被害届を出さなくても警察からの支援は受けられること、
をよく説明しましょう。

　緊急の避難先としては、各自治体に設置されている「配偶者暴力
相談支援センター（婦人相談所など）」での一時保護や、民間団体
が運営する「民間シェルター」などでの一時保護があげられます。
それぞれの使い方や特徴などは、後段の各関係機関の紹介のなかで
説明します。

　逃げた後も、つきまといやさらなる暴力を受けるおそれがある場
合、接近禁止などの「保護命令」を申し立てることができます。申
し立て先は地方裁判所です。保護命令の手続きについては、巻末の
参考資料に説明がありますので参照してください。

② 避難後の安全確保と生活再建

　被害者が避難した後の生活再建の手続きでは、行政は「保護証明」
（必ずしも配偶者暴力相談支援センターの保護証明とは限らない）
をもとに、住民票がなくても実際に住んでいる自治体の住民として
扱い、離婚が成立していなくても母子家庭として対応しています。

　一時的な避難の後は、新たに住む場所を確保しなければなりませ
ん。DV 被害者の場合、公営住宅については多くの自治体で優先入
居の対応をしています。ただし、自治体によって対応が異なるので
問い合わせて確認しましょう。

　また、加害者に現在の所在地を知られないためには、居住する自
治体の住民課などの担当窓口で手続きが必要です。住民基本台帳や
戸籍の附票の閲覧制限ができる「DV 等支援措置」を申し出れば秘
匿は可能です。これには事前に DV の相談を受けたという証明を配
偶者暴力相談支援センターや警察などで発行してもらいますが、発
行する部署は自治体によって異なるので、住民課などで確認しま
しょう。

　相手の追求が厳しい場合は、住民票は異動しないほうが安全を保
てる場合があります。

③ 離婚の手続き

　DV の場合、加害者による支配関係があるなかでは協議離婚は難

しく、調停による離婚手続きから裁判に進むのが一般的です。安全確保のために、代理人として弁護士を入れたほうがよく、収入が少なく弁護士費用が支払えない場合は、「法テラス」の民事法律扶助制度（弁護士費用の立て替え制度）の利用が可能です。法テラスはDVにくわしい弁護士に関する情報も提供してくれます（法テラスの項参照）。

　相談者が離婚したいと考えていても、離婚の手続きは相手と離れてからでなくては危険です。また安全な生活再建が優先なので、生活が落ち着き、離婚の意思が固まったときに取り組んではどうか、とアドバイスするのがよいでしょう。

おもな関係機関の利用方法と特徴

　次に被害者支援に関係する施設・機関ごとに、その役割や特徴についてみていきましょう。

●民間シェルター

　相談事業や安全な避難場所の提供、問題解決や自立に向けての支援などを民間独自の創意工夫で実施している。必要に応じて役所での各種手続きや、警察や弁護士への相談、保護命令の申し立てなどに同行してサポートする。民間シェルターでは女性とその同伴児童だけでなく高齢の親も同時に受け入れるなど、民間ならではの柔軟な対応をとっている。所在地は公開されていないが、相談窓口が開かれており、連携協力機関（DV相談支援センター、警察、婦人相談員など）からつないでもらうことができる。

　利用料金がかかる場合もある。滞在できる期間は利用者の状況によって柔軟に対応する。安全が確認できれば、シェルターやステップハウス（一時保護施設退所後の居住型中間施設）からの通勤や通学も可能。

●男女共同参画センター（女性センター）相談室

　名称は自治体によってさまざま。都道府県や市区単位での設置もある。女性の生き方や自立、離婚や子育ての悩みなど、さまざまな

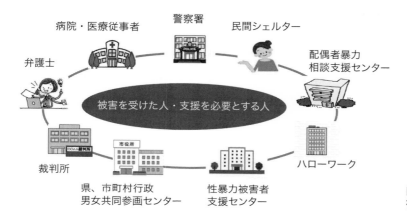

社会資源＝「自分の引き出し」
支援ツールを使いこなそう！

病院・医療従事者　警察署　民間シェルター

弁護士

配偶者暴力
相談支援センター

被害を受けた人・支援を必要とする人

裁判所

県、市町村行政
男女共同参画センター

性暴力被害者
支援センター

ハローワーク

図4-1
被害者が使える社会資源

問題に関する相談に応じている。電話相談や面接相談のほか、無料
法律相談、心理カウンセリング、健康相談など、センターによって
実施している事業やプログラム、開設時間などに違いがある。

●婦人相談員
　婦人保護事業を担い、さまざまな女性支援の業務にあたる。DV
被害者については、DV防止法にもとづいて相談を受け、問題解決
のために必要な情報を提供し支援する。市区の福祉事務所や都道府
県の婦人相談所に配置されることが多いが、それ以外の相談機関へ
の配属もあり、家庭相談員などとの兼務も多い。

●婦人相談所、配偶者暴力相談支援センター
　「女性相談所」あるいは「女性相談センター」といった名称になっ
ているところもある。
　婦人相談所はもともと、売春防止法にもとづき設置された。DV
防止法にもとづく配偶者暴力相談支援センターとしては、

・被害者の一時保護
・今後の方向性の検討

・カウンセリング
・自立支援に必要な教育訓練や就業等に関する情報提供、住居の
　確保に関する情報提供
・裁判所の求めに応じ、保護命令の申立者の相談記録の作成およ
　び提出
・DV 等支援措置のための DV 相談証明等の発行

などを行っている。

●婦人保護施設
　さまざまな困難を抱えた女性たちが、抱えている問題を解決し、
生活を立て直していくための生活支援、心理的ケア、就業支援など
を行い、長期間入所できる施設。集団生活が基本で、居室は個室タ
イプと相部屋タイプがある。利用料無料で 3 食提供。女性とその
同伴児が利用できる。都道府県ごとに設置されているが、一か所も
ない県もある。

●母子生活支援施設
　母子世帯の自立の支援を行う。利用料は収入によって異なり、非
課税世帯は無料。食費などの生活費は自己負担。対象は 18 歳未満
の子を同伴する母親だが、DV 被害女性の一時保護の場合は、単身
での利用も可。部屋は世帯単位で使用し、家財道具は個人で用意す
る。建物が古いところは共同浴場のところもあるが、一方、保育施
設が付設されているなど、施設の設備や運営内容はさまざま。

●弁護士
　被害者と加害者の間に入り、被害者の安全を守りながら、さまざ
まな法的手続きを行う。

・保護命令の申し立ての手続き
・要求事項を明記した文書の作成
・被害者の要求事項を加害者に伝え交渉
・交渉が成立しないときの調停や訴訟手続き

など。弁護士には着手金と成功報酬の費用がかかるが、所得によって民事法律扶助制度（取扱窓口は法テラス）による弁護士費用の立替制度が活用できる。

●法テラス

犯罪被害者支援として、弁護士に関する情報を提供する。また、民事法律扶助制度の内容と利用手続きについて情報提供する。民事法律扶助制度とは、離婚や相続、債務問題などの民事・行政全般について、無利子・無担保で弁護士費用を立て替えるもの。扶助を受けるには、収入が一定の基準以下であること、勝訴の見込みがあることが要件。立て替えてもらった費用は、5000円または1万円ずつ分割で返済する。収入が少ない場合は返還の猶予が与えられ、生活保護受給者は免除制度もある。このほか無料法律相談もある（同じ案件は3回まで相談料無料）。

●家庭裁判所・地方裁判所

家庭裁判所は夫婦間調整（離婚調停または円満解決調停）、婚姻費用の分担請求、離婚にともなう親権・養育料・財産分与・慰謝料・面会交流などをめぐる争いの調停・審判、離婚後の「子の氏の変更」申し立てに対する審判等を取り扱う。調停には裁判官、調停委員、調査官などが対応する。DV防止法にもとづく保護命令（接近禁止・退去命令など）の申し立て窓口は地方裁判所。

●地方自治体

DV被害者の安全確保対策として、

・相談窓口の設置
・緊急避難に関する情報提供
・新しい住所登録地、登録外の居所地情報の秘匿と守秘の徹底

などを実施する。また、被害者の生活再建のため、

・生活保護の申請
・公営住宅や母子生活支援施設入所

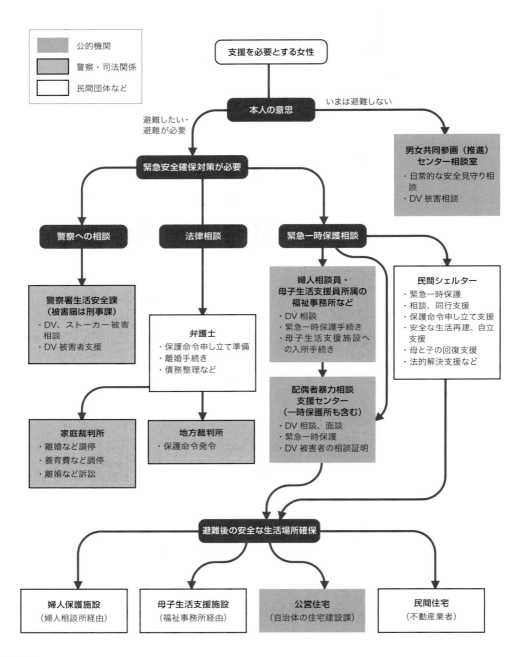

図 4 - 2
DV 被害者相談・支援フローチャート

・医療保険加入

・子どもの転校、保育所入所

などの各種手続きを受け付ける。

●福祉事務所

　生活保護をはじめ各種福祉行政の窓口。母子生活支援施設の利用、母子福祉貸付資金、児童扶養手当、児童手当などの手続きを受け付ける。婦人相談員を配置し、DV相談窓口を担っているところもある。近年は別の名称のところが多い。

●教育委員会

　DVのために転校先を秘匿する場合は、通常の転校手続きはせずに、転居先の教育委員会で手続きをする。発達障がいなど障がいのある子どもの就学に関する相談も受けている。低所得の場合に利用できる就学援助の手続きの窓口にもなる。

●保育所

　保育所入所の申し込み先は、現在住んでいる市区町村の保育所担当窓口。住民票の所在地でなくても申し込みは可能。DVで避難している場合は夫の収入は計算に入れずに、ひとり親の収入だけで算定（ただし、前年の収入で計算）するが、実家に身を寄せている場合などは実家の世帯全員の収入で計算するので要注意。

●児童相談所

　子どもの発達に関する相談、不登校、いじめ、親からの虐待などの相談窓口。対象は0歳から18歳までの児童とその家族。電話相談、面接相談、訪問相談、一時保護などを実施する。児童福祉施設への入所措置も行う。

●職業安定所（ハローワーク）

　失業給付は、DVの申し立てと相談証明により、自己都合であってもやむをえない離職として認められ、給付制限はかからない。ま

た6か月以上雇用されていた場合は、辞めた後でも雇用保険に加入すれば、給付を受けられる可能性がある。職業訓練の受講、求職者支援制度の活用もできる。住民票所在地以外での失業給付や職業訓練の受講の場合は、公的機関などの証明、民間のシェルター入所証明などを求められることがある。DVの被害者の場合、市町村発行の母子寡婦福祉法の対象であることの証明により、高等技術訓練の受講や雇用主への賃金助成の対象となる。

●保健所・保健福祉センター

アルコール問題など精神保健福祉の相談窓口。思春期相談を行っているところもある。

子どもの予防接種・検診の窓口で、DVがある場合は住民票のあるところではなく、居住地での予防接種、検診も可。

●医療機関（DV対応）

DV防止法には、医師、その他医療関係者は

① DVによって負傷または疾病にかかったと認められる被害者を発見したときは、本人の意思確認のうえ、警察や配偶者暴力相談支援センターに通報することができる
② DVの被害者を発見したときには配偶者暴力相談支援センターなどの利用について情報を提供するよう努めなければならない

と明記している。精神科や心療内科ではカウンセリングを実施しているところもあるが、費用は保険適用外となっている。

●年金事務所

基礎年金番号の変更手続き、年金保険料の減免手続き、遺族年金の申請（DVのため数年間同居していない、同一生計ではない場合でも遺族年金の受給は可能）、年金分割手続きの窓口。年金証書の再交付は、住民票所在地でなくても、現在の居住地域を管轄する年金事務所で手続きができる。

性暴力・性犯罪被害者を支える
関係機関

高見陽子

性暴力救援センター・大阪 SACHICO 運営委員
ウィメンズセンター大阪スタッフ

　性暴力の被害を受けた相談者の支援先として、まず「性暴力被害支援センター（以下、ワンストップ支援センター）」があげられます。また、被害者の安全確保や加害者の処罰のため、警察などの捜査機関との連携も必要です。それぞれの機関の役割や関わり方、そして支援や支援者のあり方について考えます。

ワンストップ支援センター

　性暴力の被害者に対し、被害直後から心身の回復のための医療支援、法的支援、警察との連携などをできる限り 1 か所で提供し、被害者の負担軽減や被害の潜在化防止を図ろうと設置されたものです。

　ワンストップ支援センターでは

・相談員による電話、メール、面接での相談
・医療支援（緊急避妊、性感染症・妊娠の検査、証拠採取、回復支援など）
・警察や検察への届け出の仲介や同行、弁護士相談の紹介や同行
・児童相談所、婦人相談所、福祉事務所、精神保健福祉センターなど関係機関との連携
・心理カウンセリングの実施などの心理支援
・職場や学校のセクシュアルハラスメントの解決支援

などの機能を果たしています。

　日本で初めてのワンストップ支援センターである大阪の「性暴力救援センター・大阪 SACHICO」をはじめ、国は 2020 年までに各

都道府県に1か所のワンストップ支援センターを設立すると約束し、47都道府県すべてに設置されました。しかしその形態や支援の内容はさまざまです。公費負担が受けられる内容も一律ではありません。全国どこにいても同じサポートを受けられるのが理想ですが、そうはなっていないのです。すべてのワンストップ支援センターにおいて、被害を受けた直後から支援が受けられる24時間365日体制の実現が望まれます。

しかし、その運営形態には、「犯罪被害者支援センター」が運営を担っているところ、都道府県の婦人相談所などに併設、性暴力被害者支援の民間団体が自治体から受託し運営、病院内に設置など、さまざまなタイプがあります。

医師が24時間対応する病院拠点型では、被害当事者の了承のもとに、証拠物が残っている間に採取し、医師が管理してマイナス80度で冷凍保存します。ですから当事者が被害を届け出たいと決断したときに警察に証拠物の提出ができます。また、いち早く性感染症の検査実施や緊急避妊薬処方などで自分のからだをケアすることもできます。性的被害を受けた方々の状況をふまえると、こうした証拠物の保管をはじめ、被害を受けた子どもの診療、妊娠への対応、薬物検査のための検体確保などが重要です。病院拠点型でなければ、医療機関との連携は必須です。

捜査機関との連携

警察では、被害者の届出や申告により

・病院受診時の公費負担
・刑事事件としての手続き

を行います。

公費負担の対象は、初診料、証拠採取代、緊急避妊薬の処方代、性感染症などの検査代、診断書料、妊娠中絶費用などです。

ただし、公費負担の内容は自治体によって差があり、また一定の条件がついている場合もあるので注意しましょう。また、外部の相

捜査機関への同行：支援者の立場から

　警察・検察は日常的になじみのある場所ではなく、被害当事者にとっては緊張をともないます。当事者が望めば同行をします。個人的な体験ですが、被害者が被害を話すときの辛さと緊張が、捜査を遂行するうえでよい状態ではないからと、捜査機関の方から「同行して下さい」と依頼されることもありました。加害者対策だけでなく、被害者支援も配慮した捜査機関の対応に、機関連携の大切さを認識し、感銘を受けたのでした。被害者が落ち着いた状態で、記憶をたどり、正確な調書に、と願う捜査関係者であれば当然の連携だと、双方で確認していました。

　しかし、都道府県によっては、捜査機関内に同行者を入れないようにしているところもあります。「本人以外の人が同席すると、同席した人の影響で本人の意思、証言が変わる」と相手方の代理人がいうようです。最近、被害者や同行者に対し、捜査機関から「女性警察官をつけます」「ここで一人で耐えられないなら、この先の捜査は無理」「被害者のために、同行者の同席はできません」などと言われ、同行を断られることがありました。本来、当事者が希望すれば同行できるものです。

　そもそも、当事者が同行者の同席を希望されるのには理由があります。最初の被害届の提出のために、一人で捜査機関を訪れたときの二次被害のすさまじさです。「あなたもついて行ったしね」「防犯カメラでは笑っているから」「被害とは思えない、あなたが被害届を出す意味がわからない」「ほかにも仕事があって忙しいんだから、早く話して」「家に上げないよ。ふつう」

　さらに、長時間の調書の作成、被害の再現によって、過呼吸や貧血、頭痛が起こり、「そんなことではこれからの捜査に耐えられないよ」などの捜査関係者からの言葉が二次被害となって被害者を苦しめます。これは狭い取調室で、被害者が警察から言われた言葉の一部です。なかには「警察に行ってきましたが、『何しに来た』っていう感じで、『被害を受けた』と言ってはいけないような気になりました」と話す被害者や、警察から

「暴力が弱いです。ボコボコにされないとね。骨折するとか」などと言われ、被害を被害として認めてもらえず、あきらめ、泣き寝入りするしかなかった被害者が多くいます。

逆に私の関わっているワンストップ支援センターに被害者を連れてきて下さる警察官のなかには、「表に傷はないのですが、何とか証拠を採れたらと思います。性器に傷もあるかもしれないので診察をお願いします」と被害者のために熱心な方もいてほっとします。

2020年6月に政府が決定した「性犯罪・性暴力対策の強化の方針」のなかで警察庁は、被害届の即時受理の徹底、各都道府県のワンストップ支援センターを訪問し、警察の対応等に関する意見交換等を行う、緊急避妊等に要する経費を引き続き要求することを検討──などを目標として掲げています。ぜひ実現させ、ワンストップ支援センターとの連携強化を進めてほしいものです。

談機関を利用する際のカウンセリング費用についても一部助成があります。

警察に「届出」することは、「被害届」を出すことや「告訴」することとは違います。警察に届出をして、治療を受けたり、警察官から事情を聴かれたりした後で、被害届や告訴をするかどうか決めることもできます。

司法関係者と当事者の思い

加害者を処罰してほしい、刑事裁判以外の方法は考えられない。そんな思いの被害当事者に寄り添うとき、それは家族や知人などの周囲の怒りの勢いに振り回されていないか、ご本人の意思なのかをていねいに聞きながら確認していきます。怒りや孤立感、焦燥感、無力感は当事者のものであり、表現し、伝えるのは当事者の権利だからです。

加害の重さを自覚し、反省し、謝罪してほしいという気持ちだっ

たり、とにかく目の前から姿を消してほしいという思いだったり、罪の重さを慰謝料のかたちで償ってほしいという要望だったり、有罪判決により社会的処罰を望んだり……。もちろん、途中で気が変わることもあります。処罰を望む思いとともに、刑期を終えたあと報復されないかと恐怖感に襲われることもあります。

　それでもなお、前へ進み「私は悪くない、卑劣な被害を受けたんだ、加害者を罰してほしい」という思いから、当事者は裁判にのぞみます。

　弁護士との関係性でも、自分の気持ちが理解されていないと感じたり、質問された言葉に傷つき、抑えようのない怒りが出たりして、無力感で無口になり、弁護士との打ち合わせが苦痛に感じることもあります。

　「警察には行けない、届けない」ではなく、被害を被害として届けやすい体制を整えることが必要です。当事者は自分が自分であるために必要な人格権を取り戻すために声をあげ、訴えるのです。

　また、ワンストップセンターのような安全が確保された場所ではなく、電車や人ごみ、待合室、車中なども含め、すべての日常のなかにフラッシュバックを引き起こすきっかけがあります。感情のコントロールがきかなくなることも当然のことと想定しながら、同行者は、どの機関のどの場面で苦痛を感じたのか、どう言いたかったのか、伝えたい思いとその言葉を当事者が整理して次回に備える時間に寄り添い、当事者のサポーターであり続ける必要があります。それらは、ひとりひとりのエンパワーメントを信じ、37年間女性の声を聴き続けた私の所属するウィメンズセンター大阪の理念でもあります。

被害者家族にも支援を

　支援の現場では、被害当事者が心身ともに傷つき、ともすれば将来の希望もあきらめきった状態でいるのを多くみかけます。どんな性暴力被害なのか、暮らしぶりはどうか、どんな人間関係があるのか、家族関係はどうなのかによっても、気持ちが違ってきます。孤立した状況ではないか、なんらかのサポートをしてくれる人がまわ

りにいるのかを意識して聞きとりをします。

　一方、被害当事者の家族は、自分の身近な人が被害を受けたと知ったら、どんな感情が起こるでしょうか。

　ふつうに日常生活を過ごしていた家族が被害に遭うなんて、あるいは過去に被害に遭っていたなんて、なかなか受け入れられません。被害に遭ったことを認めたくない、そんなことがあるはずがない、信じられないと否認したくなります。

　事実、起こったことだと認識する過程は葛藤をともないます。絶望感や激しい怒り、無念の感情、家族である自分が守れなかった自責感で押しつぶされ、家族もまた日常生活が困難な状態になります。

　罪の意識と閉塞感が混在し、被害者の話が信じられない、被害をなかったことにしたいと思ったりします。あらゆる人や関係機関から、家族としての自分が批難されていると感じます。その感情は加害者に向けられるだけでなく、被害当事者に対して、より激しく向かうことがあります。世間の偏見にさらされること、被害を知られることの恐れから、行動を制限し、さらなる被害に遭わないように当事者に過剰な束縛をします。

　　「いままで共稼ぎで仕事も頑張ってきましたが、私が辞めるし
　　かありません。子どもが出歩かないように監視しないといけない
　　ので」
　　「自分が産んだ子どもだけれど、顔も見たくない」

そう訴える母親もいます。

　「お母さんがほとんど家にいないから」「母ならば子どもの変化に気づくべき」「離婚・再婚をくり返し、そもそも子どもがまともに育たない」──そんな社会からの目が、容赦なく母に浴びせられています。近所で、学校で、職場で、警察で、検察で。支援の現場でも「なぜ、気づけなかったのか？」「家族の問題だ」「家族なんだから」「親子なんだからわかるはずでしょ」──そんなふうに言われることもしばしばあります。

　　「母として、子どもだけをみていれば被害は起きなかったので

しょうか？」

　「DV から逃れて離婚したものの、収入は激減し、疲れました。子どもまでこんな被害に遭うなんて」

　そんな母親の声を聴くこともあります。シングルマザーで子どもを育てることが、この日本でどれだけ大変なことか。妊娠を継続し、短い入院中に養子に出すのか、育てるのかを決めなければならない究極の状況にある、まだ子どもの被害当事者とその家族がいます。

　親になることを賞賛する社会。親子とも自分の身体と心を愛しみ、生き方を尊重する教育がないなかで、中絶を悪とする社会。

　家族に被害者が出るのは、家族の機能が失われた機能不全家族だ──といわんばかりに、世間はもとより、被害者サポートに必要な捜査機関や学校など関係機関でも、被害者である家族に対して残酷な言葉を発します。

　この家族だから被害が起きたのでしょうか。被害が起こらない家族とはどんな家族でしょうか。加害者は誰ですか。家族でありながら、被害当事者側に立てないのはなぜなのか、その心理、背景など、さまざまな角度から考えてみてください。

　家族として、被害当事者の周囲にいることのしんどさ、直視することの辛さを、被害当事者にぶつけることも少なくありません。あるいは、つらさや、怒りが感じられなくなり、共感できない感情の麻痺が起こります。被害者の家族を責めても、被害者の回復への環境は変わりません。いいえ、逆に悪循環に陥ります。被害を家族の問題だけにしてしまわないことが大事です。そのためには、家族の話もしっかり聞くことが非常に重要なのです。

　被害当事者の支援のためにも、その家族を孤立させない支援が必要だと思います。被害者の家族もサポートする必要性を強く感じます。第一に被害者を支援してください。そして家族も切り捨てないでください。家族だけで抱え込むことがないように、専門家に任せてもよい部分を整理しましょう。

　性暴力被害者はもちろんですが、家族にも、支えてくれる人がいていいこと、そして安心できる場所を確保し、心身ともに癒される体験や楽しいことを楽しいと思い、お腹をかかえて笑うことも、季

節を感じることも、人との関係に心地よさを感じてもいいことを伝えます。「わたしのからだはわたしのもの」という視点は、性暴力被害者支援において支援員にも大切です。

SNS相談の事例と回答

　実際に SNS 相談に寄せられる内容はさまざまですが、いくつか
に類型化することができます。その代表的な例を DV と性暴力被害
に分けて、応答の仕方を含めてご紹介します。いずれも架空の事例
ですが、実際にあった内容を参考につくりました。欄外には解説や
参考情報を入れています。なお、以下の事例のなかでは、親密な関
係にある相手の呼称を「パートナー」で統一しています。状況に合
わせて対応してください。

身体的 DV

　殴ったり、蹴ったり、首を絞めたりなど直接的な暴力で、刑法の
傷害や暴行にあたるものです。身体的 DV は、性的関係を結ぶ、結
婚する、妊娠する、といったことをきっかけに、エスカレートする
ことがあります。

> コロナの影響で DV が増えていると聞いたの
> ですが、私も DV かもしれないと思って…

少し相談してもいいですか。

ご相談ありがとうございます。どうぞ。

結婚して3年なんですけど、普通に職場結婚で。妊娠したら急になんていうか、不機嫌な人になってしまって。

そうなんですね。それでどんなことがDVかもしれないと思われるのですか？

生まれるまではまだよかったんですけど生まれたら、夜泣きとかいろいろあるじゃないですか、赤ちゃんって。いちいちそのたびに、怒鳴るようになって。うるさいとか、なんとかしろとか、眠れないとか。

赤ちゃんは仕方がないですよね。それは。

そうですよね。仕方ないですよ。それなのに、育児も家事も何もしてくれないで、怒るばかりで。

そうなんですか。どなたかに相談していますか？　それから、話しにくいかもしれませんが、暴力は言葉だけですか？

暴力が言葉だけ、ということは考えにくいので、状況を的確にアセスメントするためにほかの暴力についてたずねます。

母親に言ってみたんですけど、一人息子のあるあるだって。子どもと同じだよって。そんなことしか言わないので。なんかもう、頼れない。

被害者はよくグーとかパーの違いにふれますが、同じ暴力であることに気づいてもらいましょう。

あ、言葉だけじゃなくて、グーじゃないですけど、パーではたきます。あ、ものを壁に投げつけたりもします。この間は腰を蹴られたりもしましたけど。子どもが泣いちゃうので本当に困るし、怖くて。

手の形は関係ないですよ。身体的な暴力があるのですね。

けがはしていないですけど、これでも DV でしょうか？ 叩いた後は、ときどきは謝ってくれます。

けがの有無で DV かどうかを判断しようとする被害者は少なくありません。

DV です。

このようにきっぱりと指摘しましょう。

そうなんだ。そうなんですね。

ほかに何か気になることはないですか。何でも言ってみてください。

コロナで、ずっと家から彼が出られないんです。そのせいで私に当たるのもあるのかなと思うんですけれど。

そうとは限らないと思います。妊娠してからとおっしゃっていたでしょう？ 妊娠を契機に暴力が始まることって少なくないですよ。毎日緊張している感じがありますか？

緊張があるということは DV の可能性があるということです。

そうですね。結婚で仕事を辞めましたし、子どもができてから出かけることも少ないし、私が一人で出かけるのを嫌がるので。二人と子どもで息をころしているというか。たしかに緊張しているかも。疲れます、すごく。何か気にさわることをすると、爆発するから。

いままでのお話だと典型的な DV だと感じます。エスカレートしないか心配ですね。

そうですか。エスカレートすることがあるのですか？

ほとんどがエスカレートすると言われています。実際に手をあげてからは進んでしまうというか。一線を超えたという状況かもしれないですね。

はい。そうなのかな。あの、優しいところもある人なんです。いまの時期が終わったら、変わるかなと。怒らせないように気をつけていれば、何もない日もあるんです。

優しいところがある、と被害者はよく話されますが、だからといって暴力を我慢する必要はないことを伝えましょう。

いまはそういうお気持ちなんですね。ただ、彼とあなたが対等でない関係になっていることはとても気になります。怖いし、機嫌を気にされていますよね。彼は、ストレスがあっても会社の上司は殴らないでしょう？　あなたを選んで暴力をふるっているという事実はあるんです。どんな理由があっても、暴力をふるうことは許されない、という状況になっていないということだと思います。

はい。

だから、エスカレートしたり、もっと怖いことが起きたりしたら、専門的な窓口に相談なさるのがいいと思うのですが、いかがでしょうか？

そんなことがあるでしょうか。

可能性はあると思います。行政がDV防止法という法律に基づいて、全国に窓口を置いています。「DV相談支援センター」と言います。それと、男女共同参画センターにも、相談窓口があります。市役所の福祉事務所でも聞いてくれます。もちろん警察もです。いまはDVは社会的に注目もされていますから、相談できるんですよ。

どんなことがあったら、相談したほうがいいでしょうか。

苦しくて、眠れないことがあったりしたときとか、子どもに暴力が及んだときとか、きっといまだとおわかりになると思いますよ。相談窓口の一覧のリンクを貼りますね。

お願いします。

http://www.gender.go.jp/policy/no_violence/e-vaw/soudankikan/index.html

SNS は情報提供が正確に手軽にできます。

この窓口も 24 時間書き込めます。何かあったらお気軽に書き込んでくださいね。

はい、ありがとうございます。よろしくお願いします。

ではこれで相談は終了したいと思います。ありがとうございました。

経済的 DV

　生活費を渡さない、通帳やクレジットカードをいっさい持たせない、お金の使途をいちいちチェックするなど、経済的に支配する暴力です。レシートや領収書を一枚一枚チェックしてくることもあります。

DV かどうかわからないのですが、相談できますか?

はい。もちろん、何でもご相談ください。

夫が生活費を渡してくれないんです。

もう少し、状況をくわしく聞かせていただけますか？

結婚して8年です。子どもは2人います。夫は公務員で、係長なのでそれなりに収入があるんですけど、生活費を月2万円しか渡してくれないので、私が、これでは足りないというと、「俺の働いた金だ！」とすごく怒鳴るんです。

月2万円では、親子4人で生活できないですね。あなたは働いてはいないということですね？

はい。専業主婦です。

生活費が足りないときは、どうなさるんですか？

自分が独身のころにためた貯金を使っています。仕方ないので。それで、パートに出たいと言ってみたこともあるんですが、そのときもすごく怒られて。

パートナーからは、何と言われましたか？

俺の稼ぎが足りないと言うのか！って。

なるほど。DV加害者の典型的な反応に聞こえます。

殴ったりはしないです。生活費を渡してくれないだけで。これもDVなのでしょうか？

あなたは、彼が怒るとどんな気持ちがしますか？

すっごく怖いです。身体が動かなくなります。でも怒っていないときは、普通なんです。

言い返したりできますか？

絶対できません。殴らないんですけど、物を投げたり壁を殴ったりします。それも怖い。

ずっとつらい思いをされて、一人で頑張ってきたのですね。これは DV だと考えられます。あなたが怖いと感じていることが重要ですね。DV は殴る蹴るというものだけではなくて、あなたの場合のような経済的 DV 、怒鳴る、ののしる、殺すぞと脅す、などの言葉による精神的な DV 、性的な暴力による DV などがあります。友だちに会わせないなどの行動の束縛も社会的 DV と言われることもあります。

DV を狭義にとらえている被害者が多いので、このような解説をするのは効果的です。

そうなんですか。殴られなくても DV なんですか。

もちろんです。子どもさんには暴力は振るわれていないですか？ おいくつですか？

DV のある家庭では多くの場合、児童虐待も起きています。

小1と3歳です。子どもには、気に入らないことがあると説教します。正座させて。げんこつで軽く、はたくくらいはします。体罰はいいと思っているみたいです。

お子さんも被害を受けているのですね。心配ですね。夫婦である以上、夫は妻や子を養う義務があるんですよ。

あなたは何も悪くありません。DV は専門の相談窓口が全国にあります。あなたやお子さんが疲弊してしまう前に、公的な機関に DV 相談をすることをお勧めします。

被害者は自責の念を持ちやすいので、必ず「悪くない」ことをはっきりさせましょう。

夫が公務員ですから、地元には相談に行けないです。

ご両親やお友だちなど、相談できるところがありますか？

実家には、一度母に話してみたんですが、殴られないだけ幸運だって言われて、もう話せないです。友だちも結婚してから、みんな遠くなってしまって。

哀しいことに、DVを受けている方のご両親の反応は、そういうものが少なくないです。心細いですよね。都道府県の男女共同参画センターはいかがですか？　かならずDV相談窓口があります。全国共通の電話番号DVナビ（#8008）ではお住まいの近くの相談窓口を案内しています。一緒に考えてくれる女性相談員が必ずいます。あなたやお子さんが笑顔で暮らせるように、ぜひ専門機関にご相談してみてください。

精神的 DV

　怒鳴る、脅す、罵倒する、屈辱的な言葉を投げる、反省文を書かせるなど、相手を傷つける言動を精神的DVといいます。結果としてPTSD（心的外傷後ストレス障がい）などの精神障がいに至れば、刑法の傷害罪が適用されることもあります。

結婚して5年、モラハラを受けています。テレワーク中の主人に「先に休みます」と声をかけたら、会議が終わったあと、私が寝ているところで首をしめられて目が覚めました。

「早く寝るなんて生意気だ」と。あざになりました。

翌朝、実家に帰りました。怖くて。私は働いていないので、離婚となると生活できませんが、できたら別れたいです。どうしたらよいのでしょう？

大変でしたね。まずは、実家に避難できてよかったと思います。

今までにも、同じようなことがあったのですか？

平手打ちは何度もありました。げんこつはありません。

首をしめられたのは初めてです。

理由があれば、殴ってもいいと彼は思っているように感じます。どう思いますか？

そうかもしれません。お前がおれを怒らせたからだといつも言われます。

怒らせなければ殴らなくなるでしょうか？

DVに悩んでいる人はみんな、「いつか夫が気づき、暴力を振るわなくなる」と思って辛抱します。しかし、現実は同じ状況が続くことが多いです。

あなたは、また殴られるとしても、彼と暮らしていくことを選びますか？　それとも、違う生活を送りたいですか？

手をあげるだけじゃなく、言葉の暴力も年々ひどくなっていて……

心配な兆候ですね……。暴力は、たいていエスカレートしていきます。経済的な不安から、あなたが家を出て行かないことを夫は知っているのではないでしょうか。

このまま実家に身を寄せて、「婚姻費用の分担請求」（夫に対して、生活費を請求する手続き）をして、様子をみてはいかがですか？そんなに難しい手続きではなく、家庭裁判所に自分で申し立てることができます。

それはなんですか？

それは相手の許可なく申請できるのですか？

婚姻費用とは、夫とあなたが同等の生活ができるよう、お互いの収入と経費を勘案して計算されます。

具体的に数字まで出して説明すると、わかりやすくなります。

たとえば、夫が50万、あなたに10万の収入があり、夫は家賃が10万、あなたは実家暮らしで家賃が不要とすると、ざっくりですが、（50 + 10 - 10）÷2で、25万請求するというイメージです。家庭裁判所に申し立てます。夫の許可は必要ありません。1か月後くらいに、裁判所の調停（顔を合わせず、調停員が仲介する話し合い）で取り決められます。

当分、あなたから離婚に応じない期間は、夫に婚姻費用を支払う義務があります。

でも、夫が協力してくれるとは思えないです。

彼はサラリーマンですか？ 自営業ですか？

サラリーマンです。

では、収入はきちんと申告されているので、所得証明などは取れますね。

もし、自身で手続きするのが心配なら、弁護士に依頼し手続きすることもできます。費用がなくても、法律扶助という制度を使い、夫からの婚姻費用が支払われてから返済できるので、心配ないですよ。弁護士費用は、20～30万円程度です。

婚姻費用は離婚が成立するまでもらえます。

地域の弁護士会で、DVを得意とする弁護士を聞いてみるといいかもしれません。困ったら、またぜひ相談してください。できれば女性の弁護士のほうが、信頼関係を結びやすいと思います。

民事法律扶助制度
法的トラブルに遭ったとき、経済的に余裕がなく一定条件を満たす人を対象に、無料で法律相談を行ったり、弁護士費用を立て替えたりする制度。日本司法支援センター（法テラス）が事業を実施している。

わかりました。さっそく探してみます。

ぜひ、頑張りましょう！

では、今回の相談は終了させていただきます。応援しています！！

デートDV

　DVは結婚していなくても起きています。交際相手からの暴力は結婚している相手との間の暴力より激しく、各種調査でも生命の危険を感じる割合が高くなっています。性暴力の相談もたいへん多くあります。

彼に変わってほしい、みたいな相談でもいいですか？

はい、もちろんです。彼との関係に悩んでおられるのでしょうか。

そうなんです。大学で同じゼミの一つ年上の先輩なんですけど、ルックスも趣味だし、話も合うと思っていて、すごく幸せだったんです。でも、ゼミのみんなで居酒屋に行ったときに教授にプレゼントをあげたら、すっごく怒られて。それからなんか変わっちゃって。

どんなふうに変わったと感じましたか？

毎日毎日、バイトの時間も授業の時間割も知っているので、朝から晩まで「居場所確認」のLINEが入るんです。既読スルーなんてしようものなら、その日の夜にはアパートの前で待っていて、「どうして返信しない」と説教される。

スマートフォンによる厳しい束縛、監視はデートDVの特徴です。

それは大変ですね。スマートフォンを手放せないですね。

そうなんです。もう、置き忘れたらどうしようって恐怖しかない。

ほかには何かありますか？

友だちと出かけようとすると出先から写メを送らされる。

そうですか。いまのあなたの状況は典型的な、デートDVだと思います。「束縛」と呼ばれたり、「愛されていていいわね」などと言われることもありますが、その状況が暴力を振るわれている状況であることは確かです。

そうなんですか？　彼は変わるでしょうか？

彼が元の彼に戻るかどうかは、わかりません。DV加害者はとても嫉妬深くて、ブレーキがきかなくなることもあります。身体的な暴力にエスカレートすることもあります。

ええ！

いまは、スマホかもしれないですけれど、次は殴られたり蹴られたり、首を絞められたり、とエスカレートしていった例をたくさん聞いています。

そんなことになったら別れたい……

そこで、まだ実感がわかないかもしれないですけれど、第三者の目は大事です。大学の相談室やDV被害者支援の民間団体など、DVをよく知っている第三者に相談して、「危険度」のアセスメントをしてみてください。危険なら、アカウントを変える、引っ越す、彼に登校禁止の措置をしてもらうなど、さまざまな対処方法がありますよ。

怖いです。

ええ。生命の問題と考えてほしいです。いまの彼は、ストーカーに近い行動をしていますから、本当に注意されたほうがいいと思います。

はい。

お友だちとか、たくさんの方に状況を相談したほうがいいです。あなたが悪いのではないので、恥ずかしいことでもなんでもないですから、たくさんの人が知っていればいるほど、あなたの安全は守られると思います。

ありがとうございます。なんか、考えさせられました。まず友だちに話してみます。

ぜひそうしてください。またここは24時間書き込めますから、何か起きたらいつでもどうぞ。

はい。ありがとうございます。

セクハラ

　セクハラは軽微なものから性犯罪にあたるものまで幅広い暴力的な言動です。「セクハラ罪」という刑罰はありませんが、職場で発生させないよう、防止に取り組む責任が事業主に課されています。セクハラは、立場の弱い人がターゲットになります。女性労働者の半数以上が非正規雇用という状況の中で、被害はより深刻となっています。

職場の同僚のことで相談があるのですがいいですか？

どんなご相談でしょうか？

大学を出て就職した中小企業です。アットホームな雰囲気で、自分としては働きやすいのですが、一人の同僚がずっとセクハラ発言をくり返すのですごく嫌です。

セクハラ発言はどのようなことを言われるのですか？

結婚しないのか、彼氏はいないのか、お茶を入れてくれ、女の子の入れたお茶は美味しいから、といった発言が毎日毎日あるんです。

典型的ですね。言葉によるハラスメントもジェンダーハラスメントとも言いますが、たしかにセクハラです。中小企業とのことですが、相談窓口などあるのでしょうか？

ないと思いますし、相談したくないです。歓送迎会ではお酌をさせられたり、何気に「きれいだね〜」といいながら足を触られたりもするんです。

窓口がないんですね。足を触るのは、厳しくいえば、強制わいせつにもつながるものですが、微妙なところというのがいちばんやりにくいと感じられるかもしれませんね。

そのとおりだと思います。

セクハラに関しては、男女雇用機会均等法で事業主が雇用管理上講ずべき措置が、厚生労働大臣の指針に定められています。事業主は、これらを必ず実施しなければなりません。派遣労働者に対しては、派遣元のみならず、派遣先事業主も措置を講じなければならないことにもなっていますが、現実は厳しいですね。

決まってはいるんですね……

大げさにしたくない、という気持ちであれば、女性の上司などで相談できそうな人はいないでしょうか？　ハラスメントに鈍感になっている職場だとしたら、あなたが嫌な気持ちになっていることに、誰も気づいていないかもしれませんね。

女性上司、鈍感な感じです……

なるほど。いやだという気持ちを誰かに伝えられるのがいちばんいいのですが。そうですね、厚生労働省のサイトにもまとまった解説がありますからまず、いろいろな事例を見てみて、一緒に計画を立ててみましょうか。

いいですか。誰にも言いにくいので、こういう SNS の場所で検討できたらすごく嬉しいです。

わかりました。それではまず、ここをみてみましょうか。https://www.mhlw.go.jp/stf/seisakunitsuite/bunya/koyou_roudou/koyoukintou/seisaku06/index.html

少し読んでみて、またここに書き込んでください。職場でのやり方を一緒に考えていきましょう。

セクハラの相談窓口は各地にあります。

・各都道府県労働局雇用
　環境・均等部
・労働基準監督署
・労働組合

このほか労働審判申立という選択もあります。

労働災害の申請

セクハラ被害に起因する疾病は、一定の要件を満たすと労働災害として認められます。セクハラのあと、「うつ」や PTSD などを発症した場合は必ず、都道府県労働局または労働基準監督署に相談しましょう。

レイプドラッグ

　飲み物に睡眠薬などを入れ、相手を抵抗できない状態にして、性行為に及ぶという事例が多発しています。被害者は一定時間、記憶がなくなりますが、記憶がない間も歩いたりできるため、捜査や裁判で「同意のうえでの性行為」とされるなど、性暴力被害の立証を困難とするものでもあります。

> すみません、変なことを聞いていいですか。

> はい。なんでもご相談ください。

> なんて説明したらいいか……

> お待ちしていますよ。

> 昨日お酒を飲んだら、記憶がないんです。それでどうしたらいいか困ってしまって。

> それは大変ですね。記憶がないってどういう状態ですか？　いまは安全なところですか？

相談者が安心して相談できる状況かどうかを確認することが重要です。

> いまは家です。

> 記憶がないのは、昨日のお酒を飲んだお店からなんです。気がついたら、その人とホテルのベッドにいて。服を着ていなくて。

> そうですか。それはすごく心配ですね。話しにくいかもしれないけれど、くわしく聞かせてくださいね。まず、誰とお酒を飲みに行かれたのですか？

それが、よく知らない人なんです。

どこで知り合った人かな？

マッチングアプリで。ちょっといい感じだったので。仕事帰りに待ち合わせて、普通の居酒屋だったんですけど。

そうですか。別に普通の居酒屋なら、警戒とかしないですよね。どこから記憶がないか、覚えていますか？

2杯目のハイボールだったかな、それを飲み始めたところくらいです。

そこから記憶がなくて、ホテルのベッドだったのかな？　よく家まで帰ることができましたね。大変だったでしょう。

はい。もうびっくりして、その人は寝ていたので、もう何も話さないで、服を着て走って外へ出たら、その居酒屋の近いところだってわかったので。夢中でうちまで帰りました。

話してくれてありがとう。答えづらいかもしれませんが、聞かせてくださいね、セックスをしたという感覚がありますか？

はい。まったく覚えていないのですが。そうだ、と思います。どうしたらいいのでしょう……なんか……

レイプドラッグ、薬を飲まされたかもしれませんね。薬を飲まされた、あなたのように記憶がない、そういう被害はたくさん相談がありますよ。レイプされた可能性があると思います。

相談することは「決意」と「力」のいることです。話すことで「暴力を許さない側」の一員になることでもあります。相談員として「よくこちら側に来てくださいました」という気持ちも込めて、ねぎらいと感謝を伝えましょう。

84

そんなことがあるんですか。聞いたことはあるけど、いい人みたいでしたけど、私もいけないんですよね……。人を見る目がないからですよね。

人を見る目は関係ないですよ。ドラッグを使うほうが絶対に悪いです。あなたは悪くないですよ、被害者ですから、きちんとサポートしてもらいましょうね。相手がわかったら、警察に訴えることも可能かもしれない状況なんですよ。

え！　警察には行きたくないです。

警察のことはあとから考えましょうね。具体的な話をさせてくださいね。まだ、シャワーを浴びていなかったら、証拠がたくさん残っているので、このまま、産婦人科に行って、証拠採取と、性感染症の予防の措置をとり、モーニングアフターピルを処方してもらうのがいいです。

シャワーを浴びてしまっても、感染症と妊娠の予防は必要ですから、産婦人科には行きましょうね。

そうですか。びっくりして整理がつかないです……。どこに行けばいいんですか？

どの産婦人科に行くにしても、一人で行くのが不安だと思いますから、まず、性暴力被害者のためのワンストップ支援センターに電話して状況を話しましょう。そこには、あなたのような被害に遭われた方のための相談に乗って、付き添ってくれることもあります。

お住まいの都道府県がわかれば、こちらのサイトから、センターが探せますよ。
http://www.gender.go.jp/policy/no_violence/seibouryoku/consult.html

公にしたくないので、警察だけは嫌だという人はたくさんいますが、「出るところに出る」ことで解決することはたくさんあります。

モーニングアフターピル（緊急避妊薬）は、レイプなどによる望まない妊娠を防ぐために、行為後72時間以内に服用するものです。

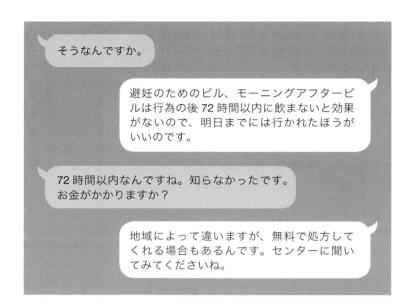

そうなんですか。

避妊のためのピル、モーニングアフターピルは行為の後72時間以内に飲まないと効果がないので、明日までには行かれたほうがいいのです。

72時間以内なんですね。知らなかったです。お金がかかりますか？

地域によって違いますが、無料で処方してくれる場合もあるんです。センターに聞いてみてくださいね。

デジタル性暴力

　性的な画像を同意なく撮影し、ネット上などで拡散する、または拡散すると脅すといった暴力です。交際相手や元交際相手のこうした行為は「リベンジポルノ」として法制化されました。しかし、AV出演強要、児童ポルノ被害など、多くの加害的な行為があとを絶たない状況です。さらに法的対応が求められています。

絶対に秘密に相談できますか？

はい。

学校や、親にも知らせないですか？

ごめんなさい、あなたの年齢にもよるのですが、虐待などのときは通報をしなければならないということもあります。18歳以下かどうかによるのです。何かとても深刻なことなのですね。通報なども、ここで、やりとりをさせていただくなかでご説明していきますから、何か辛いことがあるなら、話してみませんか。

児童虐待防止法6条1項に「児童虐待を発見した場合はすみやかに通告しなければならない」とあります。

セックスさせられるのがいやなんです。

誰とかな？

元彼と彼の友だちと。

元彼としたくないけど、セックスしないといけない状況だということなのかな？

そうです。

それは、辛いでしょう。

話せるなら、どうしてしなくちゃいけないか、説明してもらえるかな。一緒に考えてみましょうね。

去年部活が一緒の彼に告白されて、付き合うようになって、付き合ってみると束縛もきついし乱暴だし、別れようと思って、LINEしたら、彼が私としているところを撮ったって言って、動画が送られてきて。びっくりして。恥ずかしいし、削除してって言ったら、削除するから最後に会えって言われて、仕方ないから、放課後に会いに行ったんですけど。

撮られていたことは、知らなかったんですね？

知らなかったです。

ひどいですね。もうそこで、犯罪です。

でも、恥ずかしいし、なんとかしようと思って、学校だし大丈夫だと思ったら、彼の友だちが2人一緒で、体育館の更衣室に連れていかれて、3人にやられて、それも撮られて。

そうだったんですね。それで、またさらに脅かされているのかな。

そう。もう絶対断れない。でも、いやだから、ここに書き込みました。でももう疲れた。消えてしまいたい。

よくがんばって話しにくいことを話してくれましたね。ありがとう。元彼やその友人があなたにしたことは、性暴力であり犯罪です。警察に話して、被害届を出せば、捜査されて、逮捕されるかもしれないようなことですよ。

警察には行けないです。親にも言えない。誰にも言えない。

そうですね。怖いし恥ずかしいですよね。でもね、あなたは悪くないんですよ。こういう被害はね、すごくたくさんあるんです。毎年警察への相談だけでも1500件とかあるんです。

2019年のリベンジポルノ相談件数（警察庁調べ）は1479件あり、うち画像を公開すると脅されたのは584件。被害者の93.4％が女性で、加害者の61.7％が交際相手か元交際相手。

そうなんですか。

そうです。ここにもたくさん相談がありますよ。まず身体のことを聞かせてくれるかな？　直近の被害はいつごろですか？　彼らはコンドームをつけてしている？

昨日の夜、呼び出されて。はい。だいたいは。
昨日もつけてた。それだけは、まだマシ。

まだマシだね。本当に。でも、完全じゃないし、感染症とかは防げないかもしれないの。妊娠や性感染症の可能性がありますので、産婦人科を受診したほうがいいです。

あなたは、性暴力被害者ですよ。性暴力被害者のためのワンストップ支援センターというのがあるのです。そこでは、産婦人科も紹介してくれるし、弁護士や警察への相談方法も教えてくれます。知っていますか？

明確に「被害者だ」と伝えましょう。

知らないです。内緒で対応してくれますか？

状況をいまみたいに話してくれたら、秘密は守ってくれます。それで、診察の後で、動画のことを考えましょう。

どこに行ったらいいんですか？

こちらのサイトから、センターが探せます。
http://www.gender.go.jp/policy/no_violence/
seibouryoku/consult.html

本当に、秘密を守ってくれるかな。

守ってくれます。もしも、不安になったら、またここに書き込んでください。安心できる方法を考えましょう。

それから、動画ですけれど、いまは、流出
しても削除する方法もありますよ。警察も、
いろいろな方法で、流出させないように対
応するやり方を検討してくれることがあり
ます。弁護士で、こういうケースを扱って
いる人もいます。さっきのワンストップ支
援センターで、このことも相談してみませ
んか。

はい、でも、できるかどうかわからない。言
えるかどうか、わからないです。

そうですね。よく考えてみないと決められ
ないことかもしれないですね。ここは24時
間書き込めるようにしていますから、また
書き込んでくれたらいいし、もしもよけれ
ば、電話番号とか教えてくれたら、こちら
から連絡させてもらえば、もう少しくわし
いことを説明できますよ。

わかりました。考えてみます。

相談してくださってありがとうございまし
た。いまの辛い状況を変えることのお手伝
いがしたいから、いつでも何かあったら書
き込んでくださいね。

わかりました。ありがとうございました。

パパ活とストーカー

「パパ活」というのは、年上の男性と食事やデートをして、おこ
づかいをもらう活動のことです。専用のマッチングアプリなどで「パ
トロン」を探します。生活のためにパパ活をする若年女性も少なく
ありません。

パパ活の相手から、職場にばらす、ばらされたくなければ結婚しろって脅かされてるんです。

それは大変ですね。もう少しくわしく事情を聞かせてくださいますか。

就職したのは2年前なんですけど、そのころからパパ活を始めたんです。お給料が少なくて、欲しいものも買えなかったし。

お仕事は正社員ですか？

派遣です。ずっと派遣。今回はわりと長くて半年の予定です。

派遣社員だと、確かに不安定で、収入は不安ですね。

そうなんです！　ボーナスとかもすごく少ないし。つらいですよ。

パパ活の相手とはどこで？

SNSです。普通に。おいしいもの食べさせてもらって、同い年くらいの男性より話もおもしろかったし。

彼は何をしている方なんですか？

ちゃんと知りませんけど、会社に勤めてる？みたいです。普通にやさしい感じだけど、とにかく、タイプじゃないんですよ。結婚なんて絶対無理。

普通にやさしい感じなんですね。

でも、プロポーズ、断ったら、マジ切れられて。すっごかったです。会うのやめたいんだけど、しつこく絶対追ってくると思うと、怖い。ストーカーされそうだと思う。

そうですか。暴力は振るわれましたか？

殴ったりはされてないけど、顔がわかる写真とかは撮られてるから、会社にその写真と一緒になんか送られたら、すっごく嫌なんですけど。

LINE とか SNS で脅かされたりしていませんか？

あります！　LINE で会社はわかっているんだ、パパ活の証拠の写真を社長に送るぞ、とか毎日送ってきます。怖くてブロックできないから、来週会う約束とかしてなだめてます……。

脅かされている証拠はあるということですね。確かにブロックはタイミングがありそうです。ほかに不安なことはありますか？

家はわかっていないと思うんですけど、電車まではわかってるっていうか。会社も知られちゃってるし。

なるほど。たしかに状況としては、ストーカーされているかもしれない状態ですね。警察に相談するのがいちばん効果的ですが、それはできそうですか？

警察が何をしてくれるんですか？

2019 年のストーカー相談件数は 20,912 件。被害者の 88％が女性、加害者の 81％が男性（警察庁調べ）。「男女間における暴力に関する調査」(内閣府、2017 年）によると、女性の 10.9％がストーカー被害に遭っています。

彼にあなたに近づくなと警告してくれます。会社にも行くなと言えます。写真の削除の対応もしてくれると思います。

パパ活のことを言わないといけないなら、相談は無理です。

いまの状況は「脅迫されている」状況、ストーカーされるかもしれない状況、といえると思うのです。ストーカー規制法という法律もあるので、彼が暴力的になったりして、事件にあなたが巻き込まれるほうが心配です。

警察でなくても、男女共同参画センターなどでストーカー対応などの相談も受けていますから、一度公的な窓口に相談してみませんか？

考えてみます。

お住まいがわかれば、お近くのセンターなど探せますよ。

名古屋です。

https://www.iyagarase.jp/news/stalker_aichi.html
ストーカー被害愛知県相談窓口です。名古屋の男女共同参画センターはこちらです。
https://e-able-nagoya.jp/

ありがとうございました。

心配しています。必ず相談してみてくださいね。

親、家族からの性暴力被害

　2019 年の児童相談所への児童虐待相談 193,780 件のうち、性虐待はその 1.1％の 347 件となっていますが、兄や祖父など保護者以外から受けた被害はネグレクトでカウントされるため、家族からの性虐待の実数はわからないのが実状です。

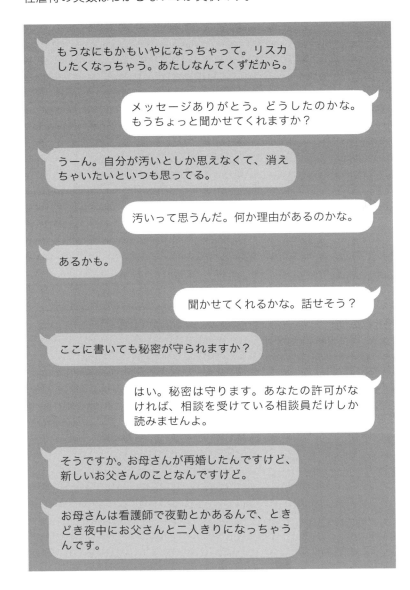

もうなにもかもいやになっちゃって。リスカしたくなっちゃう。あたしなんてくずだから。

メッセージありがとう。どうしたのかな。もうちょっと聞かせてくれますか？

うーん。自分が汚いとしか思えなくて、消えちゃいたいといつも思ってる。

汚いって思うんだ。何か理由があるのかな。

あるかも。

聞かせてくれるかな。話せそう？

ここに書いても秘密が守られますか？

はい。秘密は守ります。あなたの許可がなければ、相談を受けている相談員だけしか読みませんよ。

そうですか。お母さんが再婚したんですけど、新しいお父さんのことなんですけど。

お母さんは看護師で夜勤とかあるんで、ときどき夜中にお父さんと二人きりになっちゃうんです。

そうなんだ。それで何か相談したいような ことがあったのかな。

半年くらい前なんだけど、夜、もう遅かった けど部屋で勉強してたら急に入ってきて、大 変だねとか言いながら、髪の毛とか肩とかを 触られて、気持ち悪かったんだけど、逃げた りできないじゃないですか？

そうだよね。やめてくださいとは言いにく くいよね。お父さんになった人だしと思うの は普通じゃないかな。

そうですよね？　だから我慢して適当にして いたら、今度は抱きつかれちゃって、もうびっ くりしちゃって。

それは困ったでしょう。辛かったね。

辛かったっていうか、お母さん、どうしよう、 みたいな。

お父さんは何か言ってましたか？

なんかすごく普通の、かわいいねとか、こう してみたかったとか、いうから、結局もうだ めだと思って、やめてください、って言った ら「やめないよ」って。怖くて逃げようとし たら、その日はそのまま笑いながら出てった。

「やめないよ」って、それは怖かったでしょ う。誰かに相談した？

お母さんせっかく結婚できたのに、お母さん のこと考えたら、誰にも言えないし、気まず いし。でも、夜勤のたびに来るし、部屋に鍵 がないし…

性虐待の被害者は、家族 に対する配慮から誰にも 言えないことが多くあり ます。

お母さんのことを考えたんだね。あなたのことがすごく心配になったので聞かせてね。お父さんから触られる以上のことをされたかな？

はい。

言いにくいことかもしれないけど、できたら教えてください。セックスをされたかな？

はい。

コンドームをつけてくれましたか。

いいえ。頼んでもダメだった。

妊娠も心配ですね。できたら、お医者さんに行く必要があります。お父さんに性的な関係を持たされたので、自分が汚いと思っているのかな？

そう。

辛いことを答えてくれてありがとう。こういうことが起きたのは、あなたの責任ではないですよ。あなたは汚くなんてないし、絶対に悪くないです。そしてね、あなただけではなくて、すごく多くの女の子たちが、同じ悩みを悩んでいるってことをお伝えしますね。

あなたが受けている暴力は性虐待と言います。性犯罪です。悪いのは義理のお父さんです。すぐに家を出て、暴力から離れるのがいいです。あなたがこれ以上傷つく必要はありません。どこか、しばらく泊めてもらえるところがありませんか？

友だちの家とか？

そういうところがあるなら、とにかく一晩でもいいので行けるといいですね。

泊めてくれるとは思いますけど、それでどうするんですか？

まず、安心できる場所に行ってから、性暴力について相談をするのがいいと思いますよ。相談できる場所をお伝えしますね。

#8103 は警察の性暴力の相談窓口です。ここに電話ができます。都道府県に一つある性暴力被害者のためのワンストップ支援センター（短縮ダイヤル #8891）でも、サポートが受けられます。児童相談所全国共通ダイヤル 189 でも相談できます。性虐待はたぶんあなたが思うより、ずっとたくさん起きています。被害者が恥ずかしいと思うことではありません。ぜひ相談してください。

わかってくれるかな？

もしも、辛いことを言われたら、またここに書き込んでくださいね。地域とかを教えてくれたら、一緒に相談窓口に行ってくれる人も紹介できるかもしれないです。

K県なんですけど…

そうですか。ご紹介可能です。電話番号を教えてくれたら、いまからでも直接お電話で相談できますよ。

SNS相談のなかで緊急性がある、と判断したら、「折り返し電話」でさらにアセスメントするのが有効です。

見知らぬ人からの性暴力による妊娠

　　見知らぬ人からの性暴力について相談してきた人は犯罪被害者です。産婦人科の受診だけでなく、警察への被害申告などについてもふれてみましょう。また、被害直後か、被害を受けてから時間がたっているのかによって支援方針が異なるので、被害の時期を確認することも大事なポイントです。

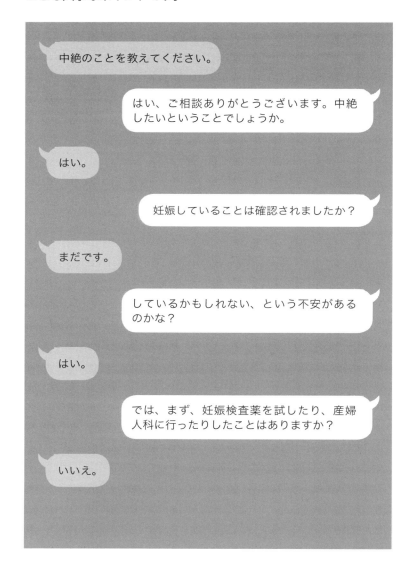

中絶のことを教えてください。

はい、ご相談ありがとうございます。中絶したいということでしょうか。

はい。

妊娠していることは確認されましたか？

まだです。

しているかもしれない、という不安があるのかな？

はい。

では、まず、妊娠検査薬を試したり、産婦人科に行ったりしたことはありますか？

いいえ。

中絶は、産婦人科で行うので、妊娠の検査も産婦人科でしておけば、と思います。近所の産婦人科や知り合いの方が行っている産婦人科とか、ありませんか？

ありません。

そうですか。地域を教えていただければ、探してみましょうか。

地域は言いたくないです。ここで相談したことは秘密を守ってくれますか。

はい。相談の秘密は守りますよ。

2か月前にレイプされてから生理が来ないんです。妊娠したかもしれないので、中絶したいです。

そうだったんですね。

あのことを思い出したくないので、何もできなくなるんです。でも、妊娠だけはこわい。

大変な思いをしましたね。あなたの体調は大丈夫でしょうか。通常であれば、中絶の際は同意書が必要ですが、そのような場合には同意書は必要ありませんからね。

体調はわからないです。同意書ですか。

同意書はいらないです。ただ、お医者さんにレイプによる妊娠、と言わなければならないですけれど。

法律的には同意書は必要ないとされていますが、厚生労働省の通知等を根拠に、手術を拒否する医療機関もあるとのことです。その場合、相談機関や弁護士などへの相談が求められます。望まない妊娠をした場合の相談は「全国のにんしんSOS相談窓口」https://zenninnet-sos.org/contact-list に一覧があります。

そうなんですね。

それから、人工妊娠中絶ができるのは妊娠22週未満（21週6日まで）ですが、保険が適用されないので全額自己負担になります。妊娠の週数によって費用や入院日数が異なりますので、早めに受診されるのがいいですね。

はい。どのくらいかかりますか。

初期中絶（妊娠11週まで）7万円〜20万円、中期中絶（妊娠12週から21週6日まで）30万円〜50万円となり、手術だけでなく検査や入院も必要になります。中期中絶については、役所で胎児の死亡届を提出し、火葬許可書を発行してもらい、火葬を行う必要があるため、火葬・埋葬費用が別途かかります。中期中絶については、出産一時金や出産手当金が、そのほかにも仕事をしている女性の中絶の場合は出産手当金が支給される場合もあります（例）。

いろいろ確認しなくてはならないこともあるし、大変かもしれません。誰か相談できたり、一緒に受診してくれるお友だちなどいますか？

まだ誰にも話していません。

妊娠検査薬は、ドラッグストアなどでも購入できます。

妊娠検査薬などを買って、まずおうちで検査してみるということもできますね。

陽性だったら、産婦人科には絶対行かなければダメですよね。中絶できませんよね。

そうです。産婦人科に行きましょう。ご両親には相談できませんか。

ダメです。遠くに住んでいますけど、いとこがいます。彼女は一緒に行ってくれるかもしれない。

それはいいですね。一緒に行ってくださると心強いですね。

レイプは性暴力ですから、あなたは犯罪の被害者でもあります。もしも、やはり誰にも言えないということであったら、性暴力被害者のための支援は、公的なものがいくつもあるんです。あなたに付き添ってくれる支援団体を探すこともできます。

そうですか。少し考えてまたここで聞いてもいいですか。

もちろんです。待っていますよ。辛いことをお話ししてくれてありがとうございます。たくさんの女性が、同じようなことに悩んでいますよ。あなただけではありませんし、あなたに落ち度があったのではないです。加害者だけが、悪いのです。そのことを忘れないでくださいね。

よくわかりませんが、ありがとうございました。

解説
DV・性暴力とは
——基本認識と支援の留意点

お茶の水女子大学名誉教授　戒能民江

1　ジェンダーにもとづく
「女性に対する暴力」の考え方

（1）コロナ禍における「女性に対する暴力」

　2020年早々、日本でも始まったコロナ禍のパンデミックは、私たちの暮らしを大きく変化させた。収束の見通しが立たないまま、感染者は世界で8000万人を超える（2020年12月）。2020年4月、グテーレス国連事務総長は、都市封鎖と隔離のなか増加する女性に対する暴力について、「女性に対する暴力の防止と救済」を、コロナ禍に対する国家の応急対応計画の重要項目とするように要請する声明を公表した。また、国連女性機関（UN WOMEN）のムランボ＝ヌクカ事務局長は、コロナ禍の「陰のパンデミック」として、「女性と少女に対する暴力」の拡大を指摘する。加えて、支援へのアクセスに困難が生じていることを憂慮し、オンラインによる支援やテクノロジーの活用による社会的支援の拡大を強調する一方で、電話やインターネットにアクセスできない女性への配慮を求めている。
　さらに、UN WOMENの政策アドバイザーであるローラ・ターケッ

トは、パンデミックの6か月間で学んだ教訓として、次の3点を挙げている（2020年8月）。第一に、危機の到来は女性や少女に対する暴力を悪化させること、とくに、経済危機とロックダウン（都市封鎖）の結合により、DVが増加している。第二に、暴力の被害者への支援は「エッセンシャルワーク」であること、しかし、小規模の民間支援団体はいずれも財政難や人員不足で、支援ニーズの増加に対応するのが難しい。最後に、これらの状況に対応するためには、女性のリーダーシップと意思決定への参画がカギであるとまとめている。

　日本でも状況は変わらない。「特別定額給付金」の申請をめぐって、DV被害者からの相談が相次ぎ、DV被害の相談も増えている。全国の配偶者暴力相談支援センターへの相談は、前年比1.6倍（2020年5〜6月）に増加したと報告されている。

（2）女性に対する暴力とは何か

　欧米諸国で、性暴力反対運動が展開したのは1960年代後半である。フェミニズムの第二の波の主題は女性の身体や性、婚姻制度などの私的領域であり、女性たちはいわば日常のなかの性差別を告発した。婚姻制度が女性たちの生き方を縛っていることや、産む産まないは女性が決めるという生殖の自己決定権の主張とともに、性暴力やDVが性差別の中核にあることに女性たちは気づいていく。

　1980年代から90年代にかけて、カナダやスウェーデンなどで刑法強姦罪改革が進んだ。カナダの刑法改革（1983年改正、90年代に再改正）では、女性に対する暴力問題の解決のためには個別の対応だけでは不十分であり、その根底にある女性をめぐる社会的状況や地位の改善に努め、暴力を受けやすい環境から女性を解放することが重要だとした。また、スウェーデンの1998年刑法改正で「女性の安寧（平和）侵害罪」と名づけられたDV罪を導入したことも画期的である。スウェーデン刑法は、女性に対する暴力は「女性の心身や人格の統合性（インテグリティ）の侵害である」という新しい考え方を示した。これは、女性に対する暴力の本質に迫るものであり、国際社会で共有される概念になっている。

このような動きに呼応して、国連を中心とした国際社会が「女性に対する暴力」問題への革新的な取り組みを本格化させたのは、1990年代以降である。矢継ぎ早に国際文書が策定され、女性に対する暴力に取り組む「グローバル・スタンダード」を構築していった。

女性に対する暴力についてジェンダー視点を明確に示したのが、1992年の国連女性差別撤廃委員会一般勧告第19号「女性に対する暴力」と、1993年に国連総会が満場一致で採択した「女性に対する暴力撤廃宣言」である。同宣言前文は、① 女性に対する暴力が、男性の女性支配・女性差別により女性の発展を妨げる結果となった「男女間の不平等な力関係」を歴史的に明示し、② 女性に対する暴力は、「女性が男性に比べて従属的地位に置かれることを余儀なくさせる重大な社会構造であること」を明記している。

この時期の動きで特徴的なことは、従来、国家の介入は謙抑的であるべきとされて深く潜在化してきた、DVや子どもの性虐待問題に国際社会がようやく目を向けたことである。DVや性虐待など私的領域における暴力については「たかが夫婦喧嘩」として個人の問題に封じ込められ、性虐待は「子どものファンタジー（幻想）にすぎない」と片づけられてきた。だが、そうではなく、DVも性虐待も、男性の女性支配を背景に生じる人権侵害なのである。

2017年国連女性差別撤廃委員会一般勧告第35号は、なお、女性に対する暴力が世界中に蔓延し続ける状況の打破をめざして、「ジェンダーにもとづく女性に対する暴力」概念の精緻化を図った。すなわち、暴力は「個別の問題ではなく、具体的な出来事、個別の加害者および被害者/サバイバーを超えた包括的な対応を要求する社会的な問題としての理解をいっそう強化」すべきだとする。日本の「女性に対する暴力」をなくすための政策や立法にもっとも欠けているのが、一般勧告第35号の性差別社会の構造変革の視点である。

2 ドメスティック・バイオレンス（DV）

（1）DV法制定の意義

2001年の「配偶者暴力防止法」（以下、DV法）の制定から約20年、日本社会はどう変わったのか。従来、DVは「夫婦げんか」や「痴話げんか」の程度のひどいものとされ、人権問題だとは考えられてこなかった。DV法制定によって、DVは国家が責任をもって防止すべき人権侵害と位置づけられ、暴力の被害を受けた人はDV「被害者」として、国家が保護し支援すべき対象となった。近代法の原則では、私的領域への国家の介入は抑制すべきであるとされてきたが、その近代法の「法は家庭に入らず」原則を打破したのがDV法である。DV法は、家族という密室の空間に国家が積極的に介入しなければ、DV被害者は「暴力被害から解放されない」という考え方を示したところに意義がある。

DV法が日本社会に与えたインパクトは大きい。第一に、被害の顕在化が進み、DV被害者が声を出しやすくなったことである。相談件数は右肩上がりで増え続け、全国のDVセンターへの相談件数は、DV防止法施行当初の3万6千件（2002年度）から11万9千件（2019年度）を数えるまでに至った。第二に、DV被害者支援は、多様な形態の女性に対する暴力の再発見に結びついた。DVのある家庭における夫から妻への性暴力や子どもへの性虐待の実態が明らかにされ、性暴力や性虐待をめぐる法制度の不備や社会資源の不足が浮き彫りになった。第三に、DV被害者が抱える複合的困難が明らかになった。女性たちは、暴力による心身の不調や疾病、障がい、離婚や子どもの問題に悩み、貧困や社会的孤立などに直面している。また、子どもも同様に複合的困難にさらされているにもかかわらず、DV法上子どもは「同伴者」にすぎず、被害からの回復の権利が保障されていない。第四に、制度のはざまにある女性たちや、社会的マイノリティとされてきた人びとの人権が置き去りにされている状況が表面化した。たとえば、児童福祉法の対象年齢の18歳を超えるが、親権の対象である20歳未満の若年女性（18歳、19歳）は、児童相談所と婦人相談所のはざまに置かれており、親が暴力の加害

者であっても親の同意がないと福祉の支援が受けられない。

　他方で、DV理解や認識のゆがみが正されないまま、被害者を傷つけ続けているのが日本社会の現実である。その典型例が、2018年の目黒区結愛ちゃん事件と2019年野田市心愛さん事件である。この二つの事件の判決では、夫の妻に対するDVの存在を認めたものの、DVと児童虐待が一体として起きることや妻へのDVの影響は軽視されている。

(2) 見えにくい暴力、DV

　DVは「殴る、蹴る」といった身体的暴力に限らない。言葉による暴力や威嚇、脅迫などの精神的暴力や経済的抑圧、セックスの強要や避妊拒否などの性的暴力など、「目に見えない」暴力が重なりあって被害者たちを苦しめている。

　24時間ホットラインに寄せられた相談では、DV被害の悩みを抱えた女性の9割以上が、心理的攻撃や精神的苦痛、経済的抑圧、性的強要の被害を受けている。社会とのつながりを妨害して孤立させる、人格否定や無視、威圧的な態度や発言、行動制限や監視をする、子どもを利用したDVや離婚を頑として承知しないなど、「孤立感や辛さ、寂しさなどの負の感情」を増幅させ、自尊心と生きる力を奪っていく。長年、精神的暴力を受け続けてきた女性は、離婚後に、「自分で考える気力すらなくなっていた」と振りかえる。

　夫と妻や交際相手など、ジェンダー秩序にもとづく社会的な力の差を背景に、他人がなかなか踏み込めない個人的かつ閉鎖的な関係を利用し、家庭内など密室の空間で、このような行為を継続することによって暴力的な日常をつくり出し、相手の自尊感情や自己コントロール感を弱めて、人間の尊厳を奪う行為がDVである。つまり、DVとは、複合的なさまざまな暴力が反復・継続することによって相手を支配する（意のままにする）ことである。

　ただし、DVは性中立的な概念であり、男性も被害者となりうる。2011年欧州評議会のイスタンブール条約における「ジェンダーにもとづく女性に対する暴力」とは、「女性であることを理由として女性に向けられる暴力または女性に不均衡に影響を及ぼす暴力」を

さし、DVは「女性に不均衡な影響を及ぼす」とする。離婚後のシングルマザーの就労の困難と低賃金、社会の偏見や子どもへの貧困の連鎖など、男女格差121位（世界経済フォーラムのジェンダーギャップ指数、2019年）という女性の地位がきわめて低い日本社会の現実が、DV被害の「不均衡な影響」を物語る。

(3) DVの複合的な影響

　DVの影響は多岐にわたる。度重なる外傷や骨折などにとどまらず、鼓膜が破れる、歩行が困難になるなど、日常生活に著しく支障をきたすほどの後遺症に苦しむ人が少なくない。けがや病状の程度がひどいにもかかわらず、治療費が支払えないので悪化することも珍しくない。内科や外科だけでなく、歯科や眼科、心療内科、精神科など、ほとんどの診療科がかかわるのもDV被害の特徴である。

　不眠や自信喪失、自己評価の低下や人間不信、自殺念慮などのメンタルの不調だけでなく、流産や早産、度重なる中絶、低体重児の出産など、妊娠や出産への影響もあり、ストレスから飲酒率や喫煙率が高まる傾向がみられる。なかでも、PTSDやうつなど、精神的健康への影響は見過ごせない。「自立」とは就労による経済的自立を意味すると受け取られがちであるが、就労支援や生活支援の前に、十分な精神的ケアを行って被害からの回復を図ることが必要である。

　近年、相談件数の増加とともに、支援の現場では、被害者支援に苦慮するような困難事例が増えてきた。公的一時保護所に避難した女性たちは、DV被害や離婚問題とともに、経済的困窮や借金、就労やすまいの問題、うつなどの心身の疾病や障がい、子どもの暴力的な言動や不登校、人間関係をうまく作れなくなり、親きょうだいや地域との関係が疎遠になるといった社会的孤立など複合的な困難を抱えており、専門的対応や関係機関・団体との連携による支援が不可避となっている。

（4）支援の留意点

① 安全の確保と秘密保持

DVやストーカー被害は生命の問題であることを十分理解し、安全の確保および危険の回避を最優先する。そのためには、暴力被害の状況と危険性、緊急性の判断を適切に行わなければならない。

② 組織的対応

個人的な判断にもとづく対応ではなく、ケースカンファレンスなど情報共有のもと、組織的な対応が必要である。

③ 守秘義務の順守

守秘義務を順守し、個人情報の取扱には細心の注意を払う。

④ DV被害を認識することの困難

DV加害者の暴力の正当化、暴力の否定や軽視、責任転嫁、世間体や恥の意識などで、当事者本人がDV被害を認識するのが難しい場合がある。本人が心を開いて自分の問題に向きあうことができるように、DVが個人の尊厳を奪うものであることを認識し、敬意をもって本人と向きあい、信頼関係を築くことが大切である。

⑤ 当事者自らの選択・意思決定の尊重

本人の意思決定過程には迷いや心の揺れがあることを十分理解し、偏見にとらわれることなく、当事者が選択し、決定することを基本に支援する。安心で安全な自己決定のための環境を整備し、被害から回復し、困難を生き抜くための方法があることを伝える。

⑥ 社会的関心と地域のネットワークへの関与

DV被害の背景にある、女性差別や女性に対する暴力の状況、格差の拡大や貧困問題など、社会的な状況への関心をもち、相談室に閉じこもることなく、積極的に地域での交流を図る。相談員も性差別社会の一員であり、女性の生きにくさを自分の問題として受け止めること。

⑦ DVの本質および特徴を十分理解したうえでの支援

DVの本質が暴力による支配であることを十分理解し、暴力の

責任は加害者にあること、相手とは力関係に差があり、相手を意のままにする手段として暴力をふるうことを認識し、明確に被害当事者の立場に立った支援を行う。

3　性暴力

(1) 性暴力被害の実態

　性暴力被害は刑法上の「性犯罪」（強制性交、強制わいせつなど）に限定されるわけではなく、DVやストーカーとして行われる性暴力、買春や児童買春で行使される性暴力、児童への淫行、盗撮など幅広いにもかかわらず、その実態は明らかではない。しかも、刑法性犯罪に限定しても、被害届を出さずに沈黙を守る被害者が多いと思われ、実態は正確に反映されておらず、暗数が多い。内閣府の全国調査「男女間における暴力調査」（DVを中心に、1999年以降、3年ごとに全国の20歳以上の男女を対象に実施）に示された性暴力に関するデータも部分的であり、詳細な被害の実態やその後の生活などを含んだ影響までカバーするような全国的な性暴力調査は、いまのところ行われていない。

　警察庁の「犯罪統計」によると、2019年の1年間で、認知（被害届や通報、相談など）件数が強制わいせつ4900件、強制性交など1405件に対して、強制性交などの検挙件数が1311件と前年より増加し、強制わいせつの検挙件数は3999件と前年より減少した。法務省の『平成27年版犯罪白書』（特集「性犯罪者の実態と再犯防止」）によると、被害者の年齢構成は、強姦では20〜29歳（43.0％）、13歳〜19歳（34.3％）の順で多く、13歳未満も6.2％を占める。若年女性や子どもが強姦被害を受けやすいことがわかる。強制わいせつの男性被害者の86％が未成年であり、6割近くを13歳未満が占めており、小学生以下の男の子の強制わいせつ被害が多いことにも注意したい。

　一方、内閣府「男女間における暴力調査」（2017年）では、性暴力について「異性から無理やりに性交された経験」を成人だけに聞

暗数
統計に表れていないが、実際に起きている数との差を示す。性暴力被害などでは、被害届を出していないなど、警察などが認知していない犯罪の件数をいう。日本では2000年以降、国連の調査に参加するかたちで、4年に一度「犯罪被害実態（暗数）調査」を実施している。

いているが、「経験あり」との回答は6.5％を占める。本調査では、加害者との関係を調べており、配偶者（元含む）や親きょうだいとその他の親族、交際相手（元含む）、職場関係者などの「顔見知り」が74.4％を占める。また、同調査によると、どこにも「相談しなかった」が約7割と圧倒的に多く、相談した場合の相談先では公的機関が少なく、「警察」が4.3％、「医療関係者」は1.7％にすぎない。

　近年、ようやく若い世代の女性の性暴力被害防止が政策課題に取り上げられるようになった。前述のとおり、法務省の犯罪白書でも、強姦および強制わいせつ被害者の年齢別構成比では20歳代がもっとも多く、また、13歳から19歳で被害を受けた女性は3割以上を占める。最近、内閣府の民間支援団体や性暴力被害支援センター調査が行われ、若年女性の性暴力被害の特徴や影響がようやく明らかになってきた。女性たちは幼少期からさまざまな性暴力被害を受けているが、なかでも、実父や義父、祖父などからの性虐待被害が目立つ。

　被害内容は性交が多く、長年沈黙を破れずに被害が継続し、深刻な影響を被っているケースが多い。2011年に内閣府が民間団体に実施を委託した24時間の電話相談「パープルダイヤル」では、ずっと胸にしまい込んでいた子ども時代の性虐待被害を初めて打ち明けた成人女性からの相談が相次いだ。幼少期の被害ほど相談するまでに時間がかかっており、20年から30年たってようやく声を上げることができた人は少なくない。性虐待はくり返されながら継続する傾向があり、被害からの回復と生活再建のためには早期発見が必要である。また、学校教師からの被害や性産業における性暴力被害の実態解明と支援体制の整備が急務である。

（2）性暴力とは何か

i）日本における性暴力の定義

　日本では現在もなお、性暴力の明確な定義がなく、社会的な議論も不十分である。刑法では、「性犯罪」として強制性交等罪、強制わいせつ罪などが処罰の対象として規定されているだけである。しかし、刑法の「性犯罪」はきわめて限定的であり、現行法下ではほ

かに、人身売買罪（刑法）、ストーカー罪（ストーカー行為規制法）、児童買春罪（児童買春・児童ポルノ禁止法）などが「性暴力」として個別に規定されているにすぎない。被害者と加害者の関係性に起因するDVやセクハラにおける性暴力は、DVでは保護命令違反以外は犯罪化されておらず、セクハラ行為禁止規定も「セクハラ罪もない」現状であり、セクハラやDVが刑事処分の対象になるにはハードルが高い。刑法の「性犯罪」の対象範囲が狭いことによって、多くの性暴力が見逃され、加害者の法的責任が問われず、放置されてきたといえる。男女共同参画基本計画や政府の「性犯罪・性暴力対策強化方針」（2020年）においても、性暴力の定義は行われていない。辛うじて、5野党共同提案の「性暴力被害者支援法案」では、性暴力を「性的な被害を及ぼす暴力その他の言動」と広く規定している。

巻末資料参照

ⅱ）「性暴力」の国際的な定義

　国連は「ジェンダーにもとづく女性に対する暴力」概念の精緻化を進める一方で、「性暴力」概念の明確化に努めてきた。2009年の国連女性の地位向上部『女性への暴力防止・法整備のためのハンドブック』は、性暴力を「人格的統合性（インテグリティ）と性的自己決定権の侵害」と定義し、「はっきりと表現された自発的な同意」がなかったことを要件とする。その際に、加害者に被害者の同意を確認した経緯があることの証明を要求する。また、加害者と被害者の関係性や脅迫など「強制的状況」も考慮される。

　2011年「イスタンブール条約」36条は、性暴力を「同意にもとづかない性的性質の行為を行うこと」と定義し、同意は、自由意思の結果として自発的でなければならず、配偶者またはパートナーに対する行為にも適用されるとする。イスタンブール条約の批准国では、スウェーデンなど、自発的同意を要件とする刑法改正を行っている。

　国連および西欧諸国では、性暴力の定義を「人格的統合性と性的自己決定権の侵害」とし、自発的同意を性暴力犯罪の成立要件とする方向に向かっている。本稿では、「同意のない性的接触や身体への侵入、恥辱を与える行為など、他者の性的自己決定権を侵害し、心身の統合性を奪って尊厳を傷つける、あらゆる行為」を性暴力と定義したい。

（3）性暴力の潜在化と「強姦神話」・被害者批難

　2017年米国ハリウッドで始まった#me too運動が日本でも広がり、2019年3月の相次ぐ性暴力犯罪無罪判決への怒りがフラワーデモの誕生につながった。従来、性暴力の被害当事者が語ることはあっても、安全な室内に限られていた。フラワーデモが画期的であったのは、誰が聞いているかわからない夕暮れの街中で、多くの被害者が自分の被害経験や思いを口にしたことである。

　しかし、まだ性暴力被害を相談することは容易ではない。法務省法務総合研究所の「犯罪被害実態（暗数）調査」（2020年）によれば、性的事件（セクハラを含む）の被害を受けた人で届け出をした女性は14.3％にすぎず、性的事件の被害申告率はきわめて低い。申告しなかった理由でもっとも多いのは「重大でない、大したことでない」（35.7％）、「被害届を出す方法がわからなかった」（28.6％）である。支援機関に連絡した人も少ない。また、警察庁の「犯罪被害類型別調査」（2017年）では、性暴力被害を受けても警察に通報しなかった人が75.7％を占める。これは、交通事故（4.7％）や殺人・殺人未遂・傷害など（43.4％）に比べると相当高い。

　被害者に沈黙を強いる要因として、「強姦神話」の存在がある。「強姦神話」とは、「調査研究にもとづくデータや被害者の経験に裏づけられた事実ではないにもかかわらず、あたかも真実であるかのように、世間一般に根拠もなく信じられている、性暴力やセクハラに関する世の中の間違った常識」をいう。強姦裁判では、被害者の証言が信用できるかどうかの基準として、しばしば登場する。たとえば、「被害者がすぐ逃げなかった」「大声で助けを求めなかった」「激しく抵抗しなかった」「いわれるままに加害者についていった」ことを理由に、被害者の証言の信用性が疑われることになる。ふつう、危ない目にあいそうだったら、逃げたり、大声を出して助けを求めるはずであり、そうしないのは不自然だというのだ。しかし、「強姦神話」は検証されていない。むしろ、被害者からは、「恐怖で声も出なかった」「頭が真っ白になって身体が固まった」「何もできなかった」という逆の経験が語られることが多い。また、「ふつうだったら声を出すはず」なのに、助けを求めなかった被害者が批難され、

被害者のほうが自分を責める結果になる。実際、「裁判で裁かれるのは加害者ではなく、被害者」であり、「強姦神話」は被害者を苦しめ続けている。他方、ある調査によれば、「強姦は力の支配」であり、「強姦の相手ならどんなことをしてもよい」と考えている加害者が半数を占める（内山2000年）。性暴力は性慾のコントロールが効かないということではなく、相手を抑圧し支配する「暴力」であることを、加害者自身が認識していることがわかる。

（4）性暴力被害の影響と被害者の困難

　性暴力被害者のPTSD（心的外傷後ストレス障がい）の発症率は、女性で46％、男性で65％と、殺人事件や暴力事件、交通事故と比べるときわめて高いといわれている（1995年米国調査）。心理的後遺症の例として、PTSDのほかにも、抑うつ、不安障がい、パニック障がい、強迫症状、幻覚・妄想などが生じる場合や、摂食障がいやアルコール・薬物依存、自傷行為や自死念慮も多い。また、離人感や非現実感など、自我の統合性が薄れて切り離される乖離症状が現れることがある。

　婦人保護事業の一機関である「婦人保護施設」は、中長期的な共同生活によって、被害回復と社会的自立を図ることをめざす。婦人保護施設で支援を受ける女性たちのほとんどは、何らかの性暴力や性虐待の被害を経験しており、施設へ入所したあとの支援は困難を極める場合が多い。2017年実施の婦人保護施設における性暴力被害者支援状況調査（厚生労働省）によれば、性暴力被害者には次のような困難がみられる。

　①信頼関係が築きにくい
　　性暴力被害者は語りたくても語ることができない状況、言い換えれば「人を信頼できない」環境におかれてきた。この人だったら話してもよいのだと思うまで時間がかかる。被害者の尊厳を尊重し、時間をかけて信頼関係をつくることが重要である。
　②感情のコントロールがむずかしい
　　精神的に不安定な状況におかれた被害者は、感情のコントロー

ルを失い、暴言や暴力行為に走ることがある。怒りの感情から
自分でも想像できないような行動を起こし、支援者にぶつけて
くる。被害者をそのまま受け止め、つねに寄り添う支援が求め
られるが、心理カウンセラーの協力も必要である。

③回復に時間がかかり、無力感を覚える

被害からの回復に時間がかかり、思うようにいかないことから、
自立への不安も重なって、もどかしさや焦りが生じ、いらいら
する状態がみられる。性的行動、自殺企図、人間関係の忌避、
ほかの人とのトラブルなどの行動化がみられ、人間関係がます
ますつくりにくくなる。

④生活場面での困難

ほかに、警戒心が強く、孤立しやすい、協調性がないことなど
があるが、人と食事ができない、浴槽に入れない、大声を聞く
と感情のコントロールができなくなる、他者の視線をたえず避
けようとし、相手を直視できないなど、生活場面での困難がみ
られる。洋服のフードを何年も被り続けていた姿をみてきたあ
る支援者は、「安心で安全な関係にいることが不安だ」という
被害者の声に「足元がぐらついた」という。人間が生きる基盤
を奪うのが性暴力なのである。

（5）支援の留意点

　性暴力が蔓延し続けるのはなぜか。加害者の責任が問われず被害
者が非難され、性暴力被害が軽視される社会のありかたが問われる
べきである。性暴力という「特別の経験」を強いられた被害者が回
復するためには、「ジェンダーにもとづく女性に対する暴力」であ
る性暴力の十分な理解と専門的な知識にもとづいた特別な配慮によ
る支援が不可欠である。支援の中心に置かれるべきは、被害から回
復し、人間の尊厳を取り戻す被害者の権利である。被害者が語る言
葉に真摯に耳を傾け、被害者の「自分は汚い」という感覚や人間関
係がうまくいかないことには個別の背景や歴史があることなど、性
暴力とその被害が与える影響についての十分な専門的知識と当事者
への共感が必要である。何よりも、支援の場にやっとたどり着いた

「サバイバー」である被害当事者に敬意を払いたい。そして、性暴力被害を本気で根絶しようとしないこの社会を変える意思を持ち続け、徹底的に被害当事者の立場に立ち切る支援者でありたい。

引用・参考文献

内山絢子「性犯罪の被害者の被害実態と加害者の社会的背景」警察時報 2000年 11 月〜 12 月

厚生労働省『婦人相談員相談・支援指針』2015

厚生労働省『婦人保護施設における性暴力を受けた被害者に対する支援プログラムに関する調査研究報告書』2018

国際女性の地位協会『国際女性』32 号、尚学社、2018

国際女性の地位協会『国際女性』34 号、尚学社、2020

国立女性教育会館『NWEC 実践研究第 9 号〈ジェンダーに基づく暴力〉』2019

国連女性の地位向上部『女性への暴力防止・法整備のための国連ハンドブック』梨の木舎、2011

性暴力禁止法をつくろうネットワーク『性暴力をなくそう――包括的な性暴力禁止法にむけて』2014

参考資料

1 保護命令の手続きと
児童扶養手当の受給

(1) 保護命令

申し立て要件

- 身体的暴力、生命・身体に危害を加えるという脅迫があり、さらなる暴力などのおそれがある場合。
- 同居解消後もつきまとい、暴力がある場合。

保護命令の種類

- 申立人への接近禁止命令（6か月間）、申立人の子や親族などへの接近禁止命令（6か月間）、相手方への退去命令（2か月）
  このうち、申立人の子や親族などへの接近禁止命令は、申立人への接近禁止命令の実効性を確保する付随的な制度なので、単独で求めることはできない。申立人の命令と同時か、同命令がすでに出ている場合のみ発令される。
- 申立人への電話等禁止命令（6か月間）

電話のほか、ファックス、メール、はいかいなどを禁止。

申し立てができる者
- 配偶者（内縁関係を含む）から身体に対する暴力などを受けた者
- 生活の本拠地をともにした交際相手で身体に対する暴力などを受けた者

申し立て先
- 相手方の住所地、申立人の住所地、暴力があった場所のいずれかを所管する地方裁判所

提出書類
- 申立書/陳述書：地方裁判所で交付、ネット上にもダウンロードできるひな形がある
- 添付書類：戸籍謄本、住民票、同意書（満15歳以上の子、親族申立の場合）、診断書、写真、証言などの証拠
- 費用：収入印紙1000円、郵便切手2000円前後（地裁によって異なるので確認のこと）

申し立てから決定までの流れ
① 警察署または配偶者暴力相談支援センターへの相談
② 陳述書作成
③ 申立書作成
　②、③の作業をしている間に戸籍謄本、住民票を用意し、証拠の整理、印紙などの購入、地方裁判所と申立日時の調整などを行う
④ 地裁に申し立てる
⑤ 裁判官による申立人面接（申立日から3日以内）
⑥ 地裁が相手方を呼び出す（審尋）
　⑤の約1週間後
⑦ 保護命令決定、保護命令決定通知の受理
　裁判官の判断で命令が出ないこともある

⑧ 住所地を管轄する警察署から今後の安全確保のための説明を受ける

相手に対しても管轄する警察署から、命令の内容の説明や違反した場合のことなどの指導がある。

（2）児童扶養手当の受給

保護命令を受けてから、児童扶養手当の申請をする場合は、発令から1週間後に「保護命令確定証明」を申し立て先の地方裁判所に申請し交付してもらう。ただし本人の所得、同居する親族（同一世帯）の所得によっては受給できない場合がある。児童扶養手当担当窓口で確認する。

・児童扶養手当の受給のためには、本人、同伴児が医療保険において同一世帯であることが要件のため、国民健康保険または社会保険で同伴児を同一世帯にする必要がある。

・本人が夫名義の社会保険の被扶養者の場合は、資格喪失手続きが必要。居住の実績を証明するもの、およびDV被害を受けたとする相談実績を証明する公的機関の書面を年金事務所に提出すれば、相手方の職場を通して相手方に被害者や子どもを外すように働きかけてくれることにより、最終的には手続きはできる。時間がかかる。

・夫の勤務先の保険証を使用したときは、夫の医療保険証の健保組合に医療通知を送らないよう申し出れば、医療通知は夫に送られない。

2 内閣府 「配偶者からの暴力被害者支援情報」

http://www.gender.go.jp/policy/no_violence/e-vaw/index.html

DV被害者から相談を受けた場合に、適切な対応をとるのに役立

つ情報を集めたもの。被害者の保護や支援を行う関係機関、相談機関の説明や連絡先一覧のほか、関連法令・制度の概要などをまとめている。

3 全国のワンストップ支援センター一覧

性犯罪・性暴力に関する相談窓口です。産婦人科医療やカウンセリング、法律相談などの専門機関とも連携しています。

出典：内閣府
http://www.gender.go.jp/policy/no_violence/seibouryoku/consult.html

所在地	名称	相談受付日時	相談電話番号・メールアドレス
北海道・札幌市	性暴力被害者支援センター北海道「SACRACH（さくらこ）」	月〜金 10:00 〜 20:00（祝日、年末年始を除く）	050-3786-0799 sacrach20191101@leaf.ocn.ne.jp
青森県	あおもり性暴力被害者支援センター	月・水 10:00 〜 21:00 火・木・金 10:00 〜 17:00 （祝日、年末年始を除く）	「りんごの花ホットライン」 017-777-8349
岩手県	はまなすサポート	月〜金 10:00 〜 17:00 （祝日、年末年始を除く）	019-601-3026 メール：HP 内の相談フォームから送信
宮城県	性暴力被害相談支援センター宮城	月〜金 10:00 〜 20:00 土 10:00 〜 16:00（祝日、年末年始を除く）	0120-556-460（こころフォロー） 宮城県内専用フリーダイヤル
秋田県	あきた性暴力被害者サポートセンター「ほっとハートあきた」	月〜金 10:00 〜 19:00 （祝日、年末年始除く）	0800-8006-410
山形県	やまがた性暴力被害者サポートセンター「べにサポ やまがた」	月〜金 10:00 〜 21:00 （祝日、年末年始を除く）	023-665-0500
福島県	性暴力等被害救援協力機関 SACRA ふくしま	月・水・金 10:00 〜 20:00 火・木 10:00 〜 16:00 （祝日、年末年始を除く）	024-533-3940
茨城県	性暴力被害者サポートネットワーク茨城	月〜金 10:00 〜 17:00 （祝日、年末年始を除く）	029-350-2001 メール：県 HP 内のメールアドレスをコピーして送信
栃木県	とちぎ性暴力被害者サポートセンター「とちエール」	月〜金 9:00 〜 17:30 土 9:00 〜 12:30 緊急医療受付は 22:00 まで （祝日、年末年始を除く）	028-678-8200

群馬県	群馬県性暴力被害者サポートセンター「Save ぐんま」	月〜金 9:00 〜 16:00 （祝日、年末年始を除く）	027-329-6125
埼玉県	彩の国犯罪被害者ワンストップ支援センター 性暴力等犯罪被害専用相談電話「アイリスホットライン」	24 時間 365 日	0120-31-8341
千葉県・千葉市	NPO 法人　千葉性暴力被害支援センター　ちさと	月〜金 9:00 〜 21:00 土 9:00 〜 17:00（祝日、年末年始を除く） （被害直後の緊急支援は 24 時間 365 日対応）	ほっとこーる 043-251-8500
千葉県	公益社団法人　千葉犯罪被害者支援センター	月〜金 10:00 〜 16:00 （祝日、年末年始を除く）	043-222-9977
東京都	東京都性犯罪・性暴力被害者ワンストップ支援センター 「性暴力救援ダイヤル NaNa」（民間支援団体 SARC 東京）	24 時間 365 日	03-5607-0799
神奈川県	かながわ性犯罪・性暴力被害者ワンストップ支援センター「かならいん」	24 時間 365 日	045-322-7379
新潟県	性暴力被害者支援センターにいがた	火〜木 10:00 〜 16:00 金 10:00 〜 月 16:00（連続対応） 祝日 10:00 〜翌日 10:00（年末年始を除く）	025-281-1020 メール :HP 内の相談フォームから送信
富山県	性暴力被害ワンストップ支援センターとやま	24 時間 365 日	076-471-7879
石川県	いしかわ性暴力被害者支援センター「パープルサポートいしかわ」	月〜金　8:30 〜 17:15 （祝日、年末年始を除く） 緊急医療などの緊急を要する相談は、24 時間 365 日対応	076-223-8955 purplesupport.8955@ pref.ishikawa.lg.jp
福井県	性暴力救済センター・ふくい「ひなぎく」	24 時間 365 日	0776-28-8505
山梨県	やまなし性暴力被害者サポートセンター「かいさぽ　ももこ」	月〜金 10:00 〜 16:00 （祝日、年末年始を除く）	055-222-5562 メール：HP 内の相談フォームから送信
長野県	長野県性暴力被害者支援センター「りんどうハートながの」	24 時間 365 日	026-235-7123 rindou-heart@pref. nagano.lg.jp
岐阜県	ぎふ性暴力被害者支援センター	電話・メール相談：24 時間 365 日受付 面接相談（予約制）：月〜金 10:00 〜 16:00 （祝日、年末年始を除く）	058-215-8349 メール：HP 内の相談フォームから送信
静岡県	静岡県性暴力被害者支援センター SORA	24 時間 365 日	054-255-8710 チャット相談 : https:// sorachat.jp
愛知県	ハートフルステーション・あいち	月〜土 9:00 〜 20:00 （祝日、年末年始を除く）	0570-064-810 愛知県内からのみ通話可能
	性暴力救援センター 日赤なごや なごみ	24 時間 365 日	052-835-0753
三重県	みえ性暴力被害者支援センター よりこ	月〜金 10:00 〜 16:00 （祝日、年末年始を除く）	059-253-4115 メール：HP 内の相談フォームから送信

滋賀県	性暴力被害者総合ケアワンストップびわ湖 SATOCO（サトコ）	24 時間 365 日	090-2599-3105 satoco3105biwako@ gmail.com
京都府	京都性暴力被害者ワンストップ相談支援センター　京都 SARA（サラ）	年中無休 10:00 ～ 22:00	075-222-7711
大阪府	性暴力救援センター・大阪 SACHICO	24 時間 365 日	072-330-0799
兵庫県	ひょうご性被害ケアセンター「よりそい」	月 ～ 水、金、土 10:00 ～ 16:00 （祝日、12/28 ～ 1/4、8/12 ～ 8/16 を除く）	078-367-7874 （ナヤミナシ）
奈良県	奈良県性暴力被害者サポートセンター　NARA ハート	火～土　9:30 ～ 17:30 （祝日、12/28 ～ 1/4、月曜日が祝日と重なるときはその直後の平日を除く）	0742-81-3118
和歌山県	性暴力救援センター和歌山「わかやま mine（マイン）」	電話相談：毎日 9:00 ～ 22:00 （受付は 21:30 まで；緊急避妊などの緊急医療は 22:00 まで；年末年始を除く） 面接相談（予約制）：月～金 9:00 ～ 17:45 （祝日、年末年始を除く）	073-444-0099
鳥取県	性暴力被害者支援センターとっとり(クローバーとっとり)	電話相談：月～金 10:00 ～ 16:00 月・水・金 18:00 ～ 20:00（年末年始を除く） 問合せ対応：月～金 9:30 ～ 17:00 （祝日、年末年始を除く）	電話相談：0120-946-328（県内専用フリーダイヤル） 問合せ対応：0857-32-8211（県外から通話可能）
島根県	性暴力被害者支援センターたんぽぽ（島根県女性相談センター内）	月～金 8:30 ～ 17:15 （祝日、年末年始を除く）	0852-25-3010
	一般社団法人 しまね性暴力被害者支援センターさひめ	火・木・土 17:30 ～ 21:30（年末年始を除く）	0852-28-0889 メール：HP 内の相談フォームから送信
岡山県	性暴力被害者支援センター「おかやま心」	月～土 10:00 ～ 16:00 （祝日、年末年始を除く）	086-206-7511
広島県	性被害ワンストップセンターひろしま	24 時間 365 日	082-298-7878
山口県	山口県男女共同参画相談センター「やまぐち性暴力相談ダイヤル　あさがお」	24 時間 365 日	083-902-0889
徳島県	性暴力被害者支援センター　よりそいの樹　とくしま（中央・南部・西部）	24 時間 365 日	共通相談ダイヤル 0570-003889 中央 088-623-5111 南部 0884-23-5111 西部 0883-52-5111
香川県	性暴力被害者支援センター「オリーブかがわ」	月～金 9:00 ～ 20:00 土 9:00 ～ 16:00（祝日、年末年始を除く）	087-802-5566
愛媛県	えひめ性暴力被害者支援センター「ひめここ」	24 時間 365 日	089-909-8851
高知県	性暴力被害者サポートセンターこうち	月～土 10:00 ～ 16:00 （祝日、年末年始を除く）	専用電話： 080-9833-3500 フリーダイヤル： 0120-835-350

福岡県・北九州市・福岡市	性暴力被害者支援センター・ふくおか	24 時間 365 日	092-409-8100
佐賀県	性暴力救援センター・さが「さが mirai」	月〜金 9:00 〜 17:00	0952-26-1750
	佐賀県立男女共同参画センター・佐賀県立生涯学習センター（アバンセ）（女性のための総合相談）	火〜土 9:00 〜 21:00 日・祝日 9:00 〜 16:30	0952-26-0018
長崎県	性暴力被害者支援「サポートながさき」（公益社団法人長崎犯罪被害者支援センター）	月〜金 9:30 〜 17:00（祝日、12/28 〜 1/4 を除く）	095-895-8856 メール：HP 内の相談フォームから送信
熊本県	性暴力被害者のためのサポートセンターゆあさいどくまもと	毎日 24 時間（12/28 22:00 〜 1/4 10:00 を除く）	096-386-5555 メール：support@yourside-kumamoto.jp
大分県	おおいた性暴力救援センター「すみれ」	月〜金 9:00 〜 20:00（祝日、年末年始を除く）	097-532-0330 メール：HP 内の相談フォームから送信
宮崎県	性暴力被害者支援センター「さぽーとねっと宮崎」	月〜金 10:00 〜 16:00（祝日、年末年始を除く）	0985-38-8300 メール：HP 内の相談フォームから送信
鹿児島県	性暴力被害者サポートネットワークかごしま「FLOWER」	火〜土 10:00 〜 16:00（祝日、年末年始を除く）	099-239-8787 メール：HP 内の相談フォームから送信
沖縄県	沖縄県性暴力被害者ワンストップ支援センター「with you おきなわ」	24 時間 365 日	098-975-0166

4　性犯罪・性暴力対策の強化の方針

令和 2 年 6 月 11 日、性犯罪・性暴力対策強化のための関係府省会議決定より
出典：内閣府、http://www.gender.go.jp/policy/no_violence/seibouryoku/pdf/policy_03.pdf

はじめに

　性犯罪・性暴力は、被害者の尊厳を踏みにじる行為であり、心身に長期にわたる深刻な影響を及ぼす。性犯罪・性暴力の根絶に向けた取り組みや、被害者支援を強化していく必要がある。性犯罪・性暴力の根絶を求める社会的気運も高まっている。そのため、子どもを性犯罪・性暴力の加害者・被害者・傍観者にさせないための取り組みが必要である。また、子どもの発達段階や被害者の多様性などに配慮したきめ細かな対応が必要である。

　そこで、令和 2 年度から 4 年度までの 3 年間を性犯罪・性暴力対

策の「集中強化期間」とし、平成29年改正刑法附則にもとづく事案の実態に即した対処を行うための施策を検討し、また性犯罪・性暴力の特性をふまえた取り組みを行う。

刑事法に関する検討とその結果をふまえた適切な対処

① 「性犯罪に関する刑事法検討会」（6月4日に第1回開催）において、幅広く意見を聴きながら、性犯罪に厳正かつ適切に対処できるよう、速やかに、かつていねいに検討を進め、検討結果に基づいて、所要の措置を講じる。

② 児童や障害のある被害者からの聴取を含め、被害者の事情聴取の在り方などについて、よりいっそう適切なものとなるような取り組みについて、さらに検討し、適切に対処

③ 検察官などに対し、「フリーズ」と呼ばれる症状を含め、性犯罪に直面した被害者心理や、障害のある被害者の特性や対応につき、研修を実施

性犯罪者に対する再犯防止施策のさらなる充実

④ 刑事施設および保護観察所における認知行動療法を活かした専門的プログラムの拡充を検討

⑤ 必要な体制ができた地方公共団体に対し、出所者に関する情報を含めた必要な情報提供ができることを明示

⑥ 仮釈放中の性犯罪者などへのGPS機器の装着などについて、諸外国の法制度などを把握したうえで検討

被害申告・相談をしやすい環境の整備

⑦ 性犯罪に関する被害の届出がなされた場合の即時受理の徹底

⑧ 捜査段階における二次的被害の防止（女性警察官の配置促進、警察官などに対する研修の充実）

⑨ 性犯罪被害相談電話につながる全国共通番号（#8103）の周知

⑩ 緊急避妊などに要する費用や診療料・カウンセリング料の公費負担制度の適切な運用

● ワンストップ支援センターにつながるための体制の強化

⑪ 全国共通短縮番号の導入、無料化の検討

⑫ ワンストップ支援センターの広報周知、学校を通じた中高生への周知、地域の関係機関への周知

⑬ SNS 相談の通年実施の検討

⑭ メール相談、オンライン面談、手話などの多様なコミュニケーション方法の確保や外国語通訳の活用などの推進

⑮ 夜間休日コールセンターの設置検討、緊急時の都道府県の支援体制と連携

⑯ 都道府県の実情に応じたワンストップ支援センターなどの増設の検討を進め、施策を講じる

切れ目のない手厚い被害者支援の確立

● 地域における被害者支援の中核的組織として、ワンストップ支援センターの体制充実や連携強化

⑰ 病院にセンターを設置することや、必ずつながることができる中核的病院との提携

⑱ 都道府県、病院（医師、看護師等）、警察、弁護士、婦人相談所、児童相談所など地域の関係機関との連携強化。そのために、国レベルで検討の場を置き、令和 2 年度内に一定の結論を得て推進

⑲ センターにおいて、地域の関係機関間連携を強化するコーディネーターの配置、常勤化および事務職員の配置によるセンターの体制強化

⑳ 相談員、行政職員、医療関係者、センター長やコーディネーターに対する研修の実施。基礎知識に関するオンライン研修教材の開発・提供

㉑ 中長期的な支援（トラウマに対応できる医師等専門職育成や、福祉部局などとの連携、婦人保護施設における性暴力被害者に対する心理的ケアや自立支援、同伴児童への学習支援）

㉒ ワンストップ支援センターにおける医療費負担の軽減（都道府県外での被害への支援の扱いの整理）、監護者の精神的ケアも含めた検討など

㉓ 障害者や男性などの多様な被害者に対応できるよう、関係機関が協力して、ワンストップ支援センターにおける支援実態な

どの調査研究、研修の実施

㉔ 婦人保護事業の新たな法的枠組みなどの検討の加速、地域連携強化による性犯罪・性暴力被害者支援の拡充、行政・民間団体の連携・協働による若年女性支援（夜間の見回り・声かけなどのアウトリーチ支援、居場所確保、自立支援など）

教育・啓発活動を通じた社会の意識改革と暴力予防

● 子どもを性暴力の当事者にしないための生命（いのち）の安全教育の推進。性暴力の加害者、被害者、傍観者にならないよう、学校教育がより大きな役割を果たしていくことが必要

㉕ 生命の尊さを学び生命を大切にする教育、自分や相手、ひとりひとりを尊重する教育をさらに推進。加えて、以下の取り組みを推進

　・幼児期・低学年：「水着で隠れる部分」は、他人に見せない、触らせない、もし触られたら大人に言う、他人に触らないことの指導

　・高学年・中学校：SNSなど知り合った人に会うことなどの危険や被害に遭った場合の対応

　・中学校・高校：いわゆる「デートDV」、性被害に遭った場合の相談先

　・高校・大学：レイプドラッグ、酩酊状態に乗じた性的行為、セクハラなどの問題や、被害に遭った場合の対応、相談窓口の周知

　・障害のある児童生徒などについて、個々の障害の特性や程度などをふまえた適切な指導の実施

㉖ 工夫したわかりやすい教材や年齢に応じた適切な啓発資料、手引書などを関係府省で早急に作成・改訂。文部科学省から教育委員会や高等教育機関などへの周知。地域の実情に応じた段階的な教育の現場への取り入れ。教職員を含む関係者への研修の実施

㉗ 学校などで相談を受ける体制の強化。相談を受けた場合の教職員の対応についての研修の充実

㉘ 大学などにおけるセクハラや性暴力被害の相談窓口の整備

や周知、担当者への研修の促進

● わいせつ行為を行った教員などの厳正な処分

保育士への同様の対応を検討

㉙ 懲戒免職（原則）や遺漏のない告発の実施の徹底に関する教育委員会への指導

㉚ 教員免許状の管理などのあり方について、より厳しく見直すべく検討

㉛「相手の同意のない性的行為をしてはならない」「性暴力はあってはならないものであり、悪いのは加害者である」という社会の意識の醸成が大切。令和２年の「女性に対する暴力をなくす運動」（11/12-25）において、「性暴力」をテーマとして、広報啓発を実施

㉜ 令和３年から、毎年４月を、若年層の性暴力被害予防のための月間とし、啓発を徹底（AVJK問題のさらなる啓発、レイプドラッグの問題など若年層のさまざまな性暴力の予防啓発。性暴力被害に関する相談先の周知。まわりからの声掛けの必要性などの啓発）

㉝ 保護者などを対象に実施するインターネット上のマナーなどの啓発時の性被害防止についての啓発

㉞ SNS利用に起因する中高生などの子供の性被害を防止するため、SNS上の子供の性被害につながるおそれのある不適切な書き込みに対する広報啓発を実施。

方針の確実な実行

● 本年７月を目途に、具体的な実施の方法や期限などの工程を作成

● 毎年４月を目途に進捗状況や今後の取り組みについてフォローアップを実施

㉟ 性暴力の実態把握（若年層の性暴力被害の実態把握、ワンストップ支援センターにおける詳細な支援実態調査、障害者の性暴力被害の実態把握のための取り組みの検討）

編集

一般社団法人社会的包摂サポートセンター

東日本大震災などの影響によりさまざまな困難を抱えながら支援にたどり着けずにいる人や、社会的に排除されがちな人（生活困窮者、高齢者、外国人、セクシュアルマイノリティ、DV・性暴力被害者、障がい者、ホームレス、多重債務者、ひとり親世帯など）への多角的な支援事業などをとおして、誰もが「居場所」や「出番」を実感できる社会の実現に寄与することを目的に設立。2011年度より厚生労働省の補助事業である24時間対応のなんでも相談（よりそいホットライン）を運営。2012年からテキストを活用した相談対応にも取り組み、2017年の「座間事件」を契機として開始された厚労省補助事業の自殺対策SNS相談（生きづらびっと）、性暴力被害者支援SNS相談（内閣府事業）など、SNS相談を幅広く手がけている。

監修

NPO法人全国女性シェルターネット

さまざまな形態の「女性に対する暴力」の被害当事者と子どもを支援する民間シェルターなどによる全国ネットワーク組織。1998年に設立。民間団体相互の連携・協力によって、女性に対するあらゆる暴力の根絶をめざしている。DV、虐待、性暴力被害者への初期から自立にいたるまでの多岐にわたる支援活動、自治体などからの電話相談や被害相談支援事業の受託、女性への暴力防止に向けた教育・意識啓発事業、国への政策提言・要望活動、調査研究事業などを実施している。アジア・女性シェルター・ネットワーク（ANWS）の理事メンバー。

執筆者

遠藤智子 ［0、1、5章］
一般社団法人社会的包摂サポートセンター事務局長

石本宗子 ［4章］
NPO法人全国女性シェルターネット理事、社会福祉士

高見陽子 ［4章］
NPO法人性暴力救援センター・大阪SACHICO運営委員、ウィメンズセンター大阪スタッフ

山崎友記子 ［2、3、5章］
NPO法人全国女性シェルターネット事務局長

戒能民江 ［解説］
お茶の水女子大学名誉教授。専門はジェンダー法学、女性に対する暴力研究

協力 清水圭美
一般社団法人社会的包摂サポートセンター・コーディネーター

イラスト 岡村恵子

DV・性暴力被害者を支えるための
はじめての SNS 相談

2021 年 2 月 25 日　初　版　第 1 刷発行
2021 年 4 月 10 日　初　版　第 2 刷発行

編　　　者
一般社団法人
社会的包摂サポートセンター

発 行 者　大 江 道 雅
発 行 所　株式会社 明石書店
〒 101-0021 東京都千代田区外神田 6-9-5
電話 03 (5818) 1171
FAX 03 (5818) 1174
振替　00100-7-24505
https://www.akashi.co.jp/

装丁　　　清水 肇 (prigraphics)
印刷／製本　モリモト印刷株式会社

（定価はカバーに表示してあります）　　　ISBN978-4-7503-5162-9

シングル女性の貧困

非正規職女性の仕事・暮らしと社会的支援

小杉礼子、鈴木晶子、野依智子、
横浜市男女共同参画推進協会 編著

■四六判／上製／264頁 ◎2500円

「非正規雇用で働くシングルで35歳から54歳の女性」を対象として、しごとと暮らしの状況、悩みや不安、望むサポート等を詳細に聞いた横浜・大阪・福岡での調査を元に、当事者の切実な声や、様々な視点からの研究者・実践家による分析を加えた、初の書籍。

別れる? それとも やり直す?

カップル関係に悩む女性のためのガイド

うまくいかない関係に潜む"支配の罠"を見抜く

ランディ・バンクロフト、ジャク・パトリッシ 著
髙橋睦子、中島幸子、栄田千春、岡田仁子 監訳
阿部尚美 訳

■A5判／並製／452頁 ◎2800円

パートナーの破壊的な行動に悩む女性のために、長年、共感の手を差し伸べてきた著者が、現実を見分け、どのような選択をすればよいか、具体的なアドバイスをする。DVのグレーゾーンで苦しむ女性が自分の人生を生きるためのガイド。

〈価格は本体価格です〉

DV・虐待 加害者の実体を知る

あなた自身の人生を取り戻すためのガイド

ランディ・バンクロフト 著

髙橋睦子、中島幸子、山口のり子 監訳

A5判／並製／456頁 ◎2800円

DV・虐待はなぜ繰り返されるのか。社会的通説に隠れ虐待を重ねるDV加害者の心理を暴き、その行動・手口を読み解く。被害者にならないため、またDV加害者から逃れるためにはどうすべきか、具体策を提供する。

DV・虐待にさらされた子どものトラウマを癒す

お母さんと支援者のためのガイド

ランディ・バンクロフト 著

白川美也子、山崎知克監訳 阿部尚美、白倉三紀子訳

A5判／並製／392頁 ◎2800円

家庭内で男性から虐待を受けている女性の子どもは、母親と同様にその虐待の被害者です。虐待を目撃した子どもの複雑な感情を、虐待を受けている母親自身や専門家たちに理解できるよう促し、母子が健全な生活を送れるよう援助する方法や指針を示します。

〈価格は本体価格です〉

新版
虐待とDVのなかにいる子どもたちへ
ひとりぼっちじゃないよ

チルドレン・ソサエティ 著
堤かなめ 監修　アジア女性センター、本多須美子 訳

■A5判／並製／96頁　◎1200円

虐待を受けていたり、母親のDV被害を目の当たりにしてつらい思いをしている子どもたちに向けて、語りかけるような文章とかわいらしいイラストで、虐待やDVの本質、自分自身の感情の把握、暴力から逃れる方法などを解説し、「あなたはひとりじゃない」と力づける。

子ども虐待 家族再統合に向けた心理的支援
児童相談所の現場実践からのモデル構築
千賀則史著
◎3700円

市区町村子ども家庭相談の挑戦
子ども虐待対応と地域ネットワークの構築
川松亮編著
◎2500円

子ども虐待対応における保護者との協働関係の構築
家族と支援者へのインタビューから学ぶ実践モデル
鈴木浩之著
◎4600円

性的虐待を受けた子どもの施設ケア
児童福祉施設における生活・心理・医療支援
八木修司、岡本正子編著
◎2600円

子どものための里親委託・養子縁組の支援
宮島清、林浩康、米沢普子編著
◎2400円

児童虐待対応と「子どもの意見表明権」
一時保護所での子どもの人権を保障する取り組み
小野善郎、薬師寺真編著
◎2500円

子ども虐待対応におけるサインズ・オブ・セーフティ・アプローチ実践ガイド
子どもの安全（セーフティ）を家族とつくる道すじ
菱川愛、渡邉直、鈴木浩之編著
◎2800円

子どもアドボケイト養成講座
子どもの声を聴き権利を守るために
堀正嗣著
◎2200円

〈価格は本体価格です〉

生活保護審査請求の現状と課題

簡易・迅速・公平な解決をめざして

吉永純 著

■A5判／上製／304頁 ◎4500円

生活保護制度では、権利侵害に対する裁判の前に都道府県知事に審査請求を行う必要があり、そこで出た裁決を調べることで行政運用の実態検証が可能になる。本書は2006年度以降約400件の裁決の分析を踏まえ、あるべき生活保護運用についての提案を行う。

Q&A 生活保護手帳の読み方・使い方［第2版］
よくわかる 生活保護ガイドブック1
全国公的扶助研究会監修 吉永純編著
◎1300円

Q&A 生活保護ケースワーク 支援の基本
よくわかる 生活保護ガイドブック2
全国公的扶助研究会監修 吉永純、衛藤晃編著
◎1300円

生活困窮と金融排除
小関隆志編著 生活相談・貸付事業と家計改善の可能性
◎2700円

これがホントの生活保護改革 「生活保護法」から「生活保障法」へ
生活保護問題対策全国会議編
◎1200円

貧困問題最前線
大阪弁護士会編 いま、私たちに何ができるか
◎2000円

フードバンク
佐藤順子編著 世界と日本の困窮者支援と食品ロス対策
◎2500円

入門 貧困論
金子充著 ささえあう／たすけあう社会をつくるために
◎2500円

新貧乏物語
中日新聞社会部編 しのび寄る貧困の現場から
◎1600円

〈価格は本体価格です〉

サイバーハラスメント

現実へと溢れ出すヘイトクライム

ダニエル・キーツ・シトロン 著
明戸隆浩・唐澤貴洋・原田學植 監訳 大川紀男 訳

■四六判／上製／408頁 ◎4500円

サイバーストーキングやリベンジポルノなど、ネット上のヘイトクライムを広く対象とし、ハラスメント被害の様々な事例を分析するとともに、いかなる法的・社会的対応が可能かを提起する。仮想空間／現実空間の境界の消失点を見定めた名著の邦訳版。

ヘイトクライムと修復的司法

被害からの回復にむけた理論と実践

マーク・オースティン・ウォルターズ 著
寺中誠 監訳 福井昌子 訳

■A5判／上製／432頁 ◎4600円

女性やマイノリティ等をターゲットにしたヘイトクライムが世界的に深刻化しているが、本書は、加害者に厳罰を科す法規制によってではなく、被害者・加害者・地域住民を巻き込んで犯罪被害からの修復をはかる「修復的司法」による問題解決を提起する。

〈価格は本体価格です〉

無意識の バイアス

人はなぜ人種差別をするのか

ジェニファー・エバーハート [著]

山岡希美 [訳]　高史明 [解説]

◎四六判／並製／376頁　◎2,600円

悪意の有無に関係なく存在する偏見、バイアス。それがいかにして脳に刻まれ、他者に伝染し、ステレオタイプを形作っているかを知ることなしに人種差別を乗り越えることなどできない。米国の学校・企業・警察署の改革に努める心理学者が解く無意識の現実とは。

〈価格は本体価格です〉

日常生活に埋め込まれた
マイクロアグレッション
人種、ジェンダー、性的指向：
マイノリティに向けられる無意識の差別

デラルド・ウィン・スー［著］

マイクロアグレッション研究会［訳］

◎四六判／上製／496頁　◎3,500円

現代社会には今なお根深い差別が存在する。「あからさまな」差別と対比され、あいまいな、無意識で見えにくいが重大な結果をもたらす差別を「マイクロアグレッション」として明確に位置づけ、その内容・メカニズムや影響、対処法を明らかにした、いま必読の書。

《内容構成》───────

〈価格は本体価格です〉